Le manuel de la Cavalière

Concept, création et direction : **Sarbacane Création**.
Direction de collection : **Bernadette Costa-Prades pour Sarbacane Création**.
Rédaction collective avec la collaboration de **Bernadette Costa-Prades, Geneviève Dubois, Emmanuelle Lavabre, Hélène Montardre**.
Conception graphique et artistique : **Frédéric Lavabre** et **Xavier Vaidis**.
Mise en pages : **Rachel Bisseuil**, et **Françoise Maurel** pour la présente édition.
Illustrations : **Colonel Moutarde**.
Illustrations complémentaires : **Sylviane Gangloff**.
Colorisation, exécution : **Rachel Bisseuil, Gérard Om, Xavier Vaidis**.
Direction d'ouvrage : **Hélène Montardre** et **Frédéric Lavabre**.
Coordination Nathan : **Céline Charvet**.

ISBN : 978-2-09-252888-4 – Dépôt légal : août 2013 – N° d'éditeur : 10197477 – Imprimé en Chine
Loi n° 49-956 du 16 juillet 1949 sur les publications destinées à la jeunesse.

Le manuel de la Cavalière

Illustration **Colonel Moutarde**

Nathan

SOMMAIRE

Au pas !

Au trot !

Au galop !

Coucou !

Si tu aimes le cheval, tu ne vas plus refermer ce livre !
Tu y trouveras une foule d'informations sur ton copain à quatre jambes ainsi que des conseils pour l'approcher et préparer

Juliette Cokette

Juliette Cokette te conseillera sur tes tenues d'équitation. Elle te donnera tous ses trucs pour fabriquer des bijoux à offrir aux copines cavalières ou bichonner ton cheval. Avec Juliette, le cheval est plus beau !

Lulu Latulu

Lulu Latulu est incollable sur les différentes races, les chevaux célèbres ou les expressions du monde du cheval. Elle peut te dire d'où viennent les étriers et te conter l'histoire de la licorne. Avec Lulu, tu sauras tout sur les chevaux !

tes galops. Nous quatre, nous montons toutes à cheval et nous adorons. Nous avons réuni pour toi nos meilleures astuces et nos plus belles idées... Allez, toutes en selle !

Cléo Lécolo

Cléo Lécolo connaît les chevaux comme sa poche. Elle te parle de leurs habitudes, t'explique pourquoi ils n'aiment pas rester seuls, te raconte leurs craintes et leurs frayeurs, t'apprend à « parler cheval »... Cléo, c'est la copine des chevaux !

Zazie Dégourdie

Zazie Dégourdie connaît mille et un secrets pour bien monter à cheval. Trotter, galoper, réaliser des figures de manège, partir en randonnée... elle sait tout faire ! Avec Zazie, tu deviendras une vraie cavalière !

Au pas !

Sais-tu bouchonner un cheval ?

L'attraper quand il est au pré en train de jouer avec ses copains ?

Monter dessus sans qu'il parte au galop ?

Connais-tu et peux-tu nommer les robes des chevaux ?

Et le nœud d'écurie, ça te dit quelque chose ?

Entre dans le manège pour faire tes premiers pas à cheval…

BONJOUR, MON CHEVAL.

Mon cheval est mon meilleur ami… avec mes copines, bien sûr. Pour faire les présentations, je vais commencer par te donner le nom des différentes parties de son corps. Visite commentée…

Entre amis !

Pas question de parler de pattes ni de museau pour ton cheval... Ce n'est pas un chien ! On utilise les mêmes mots que pour décrire notre corps. Le cheval a donc des pieds, des membres, un nez, des lèvres et une bouche, bien sûr. Qui irait parler de gueule ? Entre amis, ça ne se fait pas !

Des sabots à la crinière

Toutes en pantalon !

Tu démarres le cheval ? Tu peux, comme Zazie, avoir une tenue de cavalière.

Tu peux aussi, comme moi piocher dans tes affaires. Un seul impératif : il faut que tu sois en pantalon !

La bombe est obligatoire. Au début, ton club t'en prêtera sûrement une, mais si tu fais souvent du cheval, mieux vaut avoir la tienne.

Ta bombe doit avoir une attache « 3 points », c'est-à-dire qu'elle passe sous ton menton et se fixe devant et derrière l'oreille.

Bottes d'équitation.

Ton pantalon doit être assez ample pour ne pas se déchirer quand tu montes sur ton cheval, mais assez moulant pour ne pas faire de plis.

Pas de coutures épaisses à ton pantalon.

Les chaps sont des guêtres en cuir qui se mettent par-dessus le pantalon.

Baskets.

Avec ou sans talons ?

Sais-tu ce qui différencie le poney du cheval ? Sa taille ! S'il ne mesure pas plus de 1,47 m au garrot, on le range dans la catégorie poney. À partir de 1,48 m, il joue dans la cour des chevaux. Cette mesure est prise sans les fers. Et même si ton poney dépasse les 1,47 m avec sa ferrure toute neuve, il reste un poney ! Mais cette distinction est aussi une question de style et il existe quelques exceptions. Le camarguais par exemple est un cheval alors qu'il dépasse rarement les 1,47 m tandis que le poney connemara irlandais frise les 1,55 m…

DÉFILÉ DE ROBES !

Les chevaux ont des poils et des crins de couleurs différentes, que l'on appelle la robe. Elle peut être toute noire ou mélanger 3 couleurs…

Dégradés de couleurs

Chez les chevaux, on distingue :

Les robes simples : les poils et les crins sont de la même couleur.

Les robes composées : les poils sont d'une couleur et les crins sont noirs ; ou les poils sont mélangés.

Noir

Alezan

Café au lait

Blanc

Bai : alezan et crins noirs.

Isabelle : café au lait et crins noirs.

Souris : gris et crins noirs.

QUIZ

Qu'est-ce qu'une robe truitée ?

A/ Une robe qui ressemble à des écailles de poisson.
B/ Une robe de couleur claire avec des touffes de poils rougeâtres.
C/ Une robe brillante.

Réponse : B.

Changement de poil

Les chevaux changent parfois de couleur au cours de la vie. Leurs poils s'éclaircissent, comme les cheveux des humains ! La robe de certains chevaux tachetés se modifie tellement qu'on ne les reconnaît pas d'une année à l'autre ! Le lipizzan, lui, change parfois totalement de couleur en grandissant : un poulain qui naît noir peut devenir un cheval tout blanc !

BANC-BIS-GAL-R et P ?

Qu'est-ce que c'est que ce code secret ? Tout simplement un moyen de se souvenir des différentes robes. Je l'ai utilisé pour passer mon premier galop, ça marche !

- **B**lanc, **A**lezan, **N**oir, **C**afé au lait (BANC).
- **B**ai, **I**sabelle, **S**ouris (BIS).
- **G**ris, **A**ubère, **L**ouvet (GAL).
- **R**ouan et **P**ie (R et P).

Pie : blanc avec des taches de couleur alezane ou noire.

Rouan : alezan, noir et blanc.

Aubère : alezan et blanc.

Louvet : alezan et noir.

Gris : noir et blanc mélangés.

VIENS PAR ICI !

Tu vas chercher ton cheval au pré ? La première chose à faire, c'est de le mettre en confiance avant de vouloir lui passer son licol…

Salut, toi !

Moi, j'appelle toujours mon cheval quand j'arrive à la barrière. Puis je me dirige vers lui lentement, toujours face à lui ou sur le côté, en continuant à parler. C'est comme quand on se rencontre avec une copine, je papote un peu pour dire bonjour.

Je me place sur le côté, au niveau de sa tête, et je lui tends mes mains pour qu'il me sente. Je le caresse et, s'il a l'air craintif, je lui donne une petite friandise pour qu'on devienne amis plus vite.

M. Przewalski

Vers 1850, un nommé Przewalski découvre des chevaux sauvages en Asie. Ils sont menacés de disparition à cause des chasseurs. On les sauve en les plaçant dans un zoo. Mais c'est une bien triste vie pour des chevaux sauvages ! Alors on en a remis en liberté dans leur région d'origine, où ils s'adaptent très bien ! Ces chevaux petits et résistants ressemblent comme 2 gouttes d'eau aux chevaux dessinés sur les parois de la grotte de Lascaux par les hommes préhistoriques.

Pourquoi tu te sauves ?

Écoute, tu es bien gentille, mais j'ai mes copains qui sont là-bas et je suis comme toi, je n'aime pas trop m'éloigner d'eux. Et puis, il y a des jours où je n'ai pas vraiment envie de travailler… Ajoute enfin que si tu te mets à crier ou à faire des grands gestes, j'ai horreur de ça et je m'enfuis. Alors ? Pas la peine de courir, de toute façon, je suis plus rapide que toi ! Attends que j'aie fini mon petit tour, puis reviens avec une friandise en me parlant gentiment. Voilà, tu vois, je ne suis pas compliqué, il suffit de savoir me parler.

Maintenant, on passe le licol

Pourquoi toujours du côté gauche ?
Parce que le cheval en a l'habitude. C'est le côté qui lui signale : « On va se mettre au travail ! »

❶ Sans geste brusque, je me place sur sa gauche. J'ouvre le licol et, avec ma main droite, je passe la lanière du licol par-dessus sa nuque. Puis je mets la muserolle autour de son nez.

❷ Je ferme, sans trop serrer, toujours sur le côté gauche de mon cheval.

❸ Je vérifie que le licol n'est pas trop serré en passant 3 doigts à plat entre la muserolle et son nez.

❹ Je tiens la longe assez longue pour que mon cheval ne se sente pas trop bridé, mais pas trop lâche non plus, parce qu'il ne doit pas me dépasser. C'est moi la chef !

Attention ! N'enroule jamais ta longe autour de ta main ou de ton poignet : si le cheval se met à galoper, il t'entraînera avec lui. 500 kg contre 40… Le combat est perdu d'avance !

Maintenant que je me suis laissé attraper, ce serait bien que tu me caresses pour me féliciter. Je m'en souviendrai…

Le licol

UN BRIN DE TOILETTE

Faire la toilette de ton cheval est un grand moment de plaisir pour lui. Il adore être caressé, gratté… C'est une façon de t'en faire un véritable ami !

Le pansage, c'est la santé !

On appelle la toilette du cheval le pansage. Il est indispensable avant et après toute reprise ou promenade. Panser, cela veut dire soigner. Ce n'est pas un hasard parce qu'en même temps que tu nettoies ton cheval, tu le masses, tu actives la circulation de son sang sous la peau, ce qui le réveille et le prépare à travailler.

❶ Passe d'abord l'étrille pour décoller les poils et les décrotter en faisant des mouvements circulaires.

❷ Avec le bouchon, enlève la poussière sur le corps et les crins, en brossant dans le sens du poil.

❸ Lisse son poil avec une brosse douce.

❹ Hop ! Un dernier coup de chiffon pour l'épousseter, voilà ton cheval propre comme un sou neuf !

Profite du pansage pour vérifier que ton cheval n'a aucune blessure, ni grosseur anormale. Préviens toujours ton moniteur si tu vois quelque chose de suspect.

Un nœud d'écurie

Pour attacher ton cheval pendant que tu lui fais sa toilette, apprends à faire un nœud d'écurie. Il est facile à défaire si ton cheval venait à tirer sur sa longe.

❶ Passe la longe dans un anneau (à la hauteur du garrot de ton cheval) ; laisse une longueur d'un mètre environ.

❷ Fais une première boucle avec la longe.

❸ Fais une deuxième boucle dans la première, puis une deuxième dans la troisième, de façon à faire une chaîne.

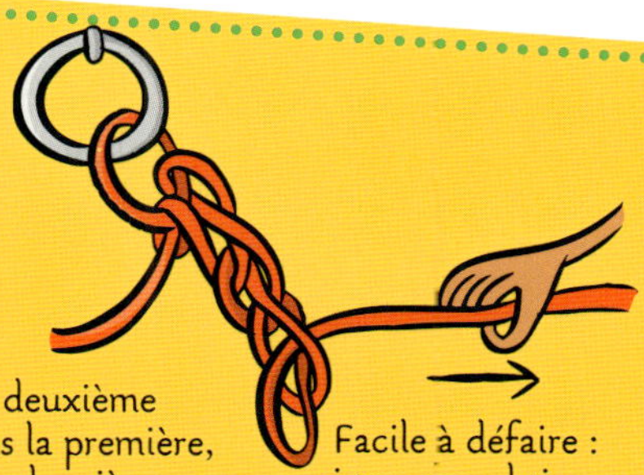

Facile à défaire : si ton cheval tire sur sa longe, tire très fort sur le bout de la chaîne pour le libérer avant qu'il ne se fasse mal.

Bouchon de paille

D'où vient l'expression « bouchonner son cheval » ? Quand les brosses n'existaient pas encore, les cavaliers se servaient d'une poignée de paille entortillée que l'on appelait un « bouchon » pour brosser leur chevaux. Aujourd'hui, on n'utilise presque plus la paille, mais le mot est resté...

Il te faut :

- 1 peigne pour chevaux
- Des petits élastiques
- Des rubans de toutes les couleurs

Coiffeur pour cheval

Ton cheval a une belle crinière ? Fais-lui de jolies tresses ornées de rubans.

❶ Mouille la crinière à l'aide d'une éponge humide. Sépare les crins en grosses mèches, de la largeur du peigne environ.

❷ Divise chaque mèche en 3 brins égaux et tresse-les en une natte serrée et régulière. Termine la tresse par un élastique enroulé plusieurs fois.

❸ Ajoute maintenant des petits rubans multicolores au bout de chaque tresse. N'oublie pas aussi de tresser le toupet : tu feras un joli chignon miniature sur le front de ton cheval !

OUVRE LA BOUCHE !

C'est grâce au mors que tu lui places entre les dents que tu vas pouvoir diriger ton cheval. Mais attention, sa bouche est fragile ! Si tu tires trop fort sur les rênes, le mors risque de lui faire mal…

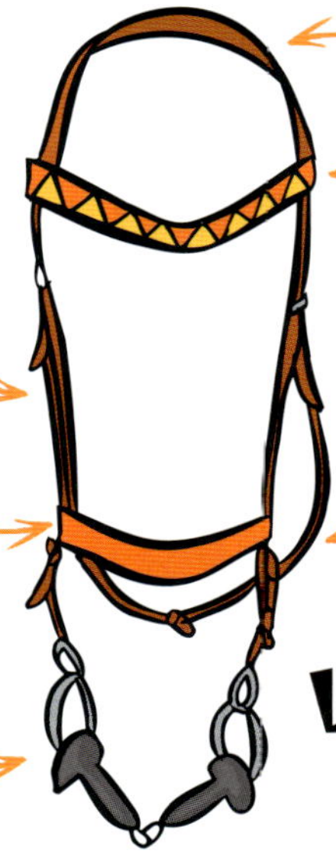

Le filet

Place le mors

❶ Déboucle le licol et reboucle-le autour de l'encolure. Passe les rênes autour de l'encolure.

Si ton cheval n'ouvre pas la bouche, glisse ton pouce dans l'espace sans dents, appelé « barres ».

❷ Présente le mors bien à plat dans ta main.

❸ Lorsque le mors est en place, fais passer les oreilles sous la têtière, en dégageant le toupet du frontal.

Le mors ne doit pas déborder de plus de 5 mm de chaque côté.

❹ Attache la sous-gorge sans trop serrer. Tu dois pouvoir glisser une main à plat entre le cheval et la sous-gorge.

❺ Fixe la muserolle. Ôte le licol.

Règle la taille du filet de façon à ce que le mors soit en contact avec les commissures des lèvres, sans les comprimer.

Sans mors !

Le mors a été inventé parce que les cavaliers n'arrivaient pas toujours à diriger leur cheval avec le poids de leur corps… Au début, les mors avaient des piquants, destinés à faire mal au cheval. Aujourd'hui, on utilise des mors « doux » en caoutchouc. Parfois, en équitation américaine, on ne s'en sert pas… comme les cow-boys qui arrivaient à faire faire à peu près ce qu'ils voulaient à leurs chevaux… sans mors et même sans rênes !

À pleines dents !

Monsieur en a 40, madame 36. De quoi s'agit-il ? De dents, bien sûr ! Comme toi et moi, le poulain possède d'abord des dents de lait, qui tombent vers 2 ans et demi. On dit que la bouche est « faite » vers 5 ans, quand le cheval a sa dentition complète. Parfois, le cheval garde une dent de lait : la dent du loup. Il faut demander au dentiste de l'enlever car elle gênerait le cheval au passage du mors. Il leur lime les dents une fois par an car elles poussent toute leur vie.

Après chaque utilisation, passe le mors sous l'eau et frotte-le avec une brosse à ongles, de manière à enlever toutes les saletés.

Dentifrice de cheval

Ton cheval n'a pas de caries mais il a souvent du tartre, une plaque jaunâtre sur les dents. Une seule solution : lui brosser les dents ! Tu peux te servir d'une brosse à dents ordinaire à poils durs ou de la brosse de ton cure-pied. Pour le dentifrice, il existe toutes sortes de parfums à l'anis ou à la fraise, en attendant un goût carotte, très souhaité par les chevaux ! Et surtout, n'oublie pas de le rincer !

TOUTES EN SELLE !

La selle est un élément important de ton matériel. Chaque cheval a la sienne, adaptée à sa taille et à sa morphologie. Trop grande ou trop petite, elle pourrait blesser ton cheval.

Bien mettre ta selle

Bien la ranger
Chaque selle et son tapis ont une place dans la sellerie. Quand ton cheval travaille, il transpire et le tapis est souvent humide. Si tu l'enfouis sous la selle, il ne pourra pas sécher. Pose-le toujours par-dessus la selle...

❶ Mets-toi du côté gauche de ton cheval. Avant de poser la selle sur son dos, place le tapis de selle de manière à ce qu'il couvre le garrot.

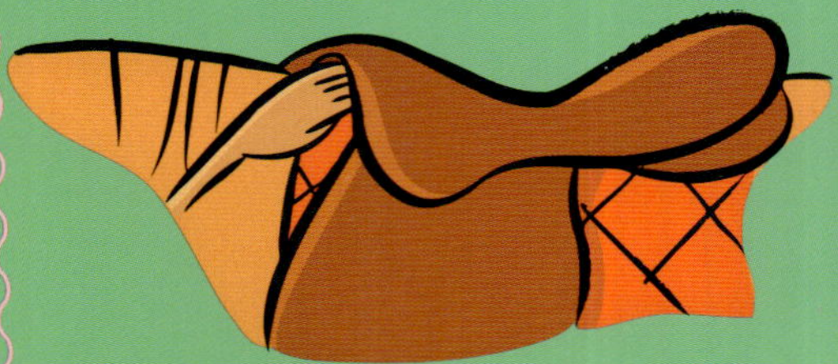

❷ Pose la selle au niveau du garrot, puis fais-la glisser dans le sens du poil jusqu'à sa bonne place.

❸ Fais le tour de ton cheval et rabats la sangle. Maintenant, remonte le quartier pour vérifier que les contre-sanglons sont bien à plat.

❹ Fais la même chose de l'autre côté. Assure-toi que ta selle est bien placée en passant 4 doigts de ta main à plat entre le pommeau de ta selle et le garrot de ton cheval.

❺ Attrape la sangle sous le ventre du cheval et ferme-la sans trop serrer. Juste avant de partir, resserre-la un peu.

En peau de bête

Avant l'invention de la selle, les cavaliers grecs et romains posaient une couverture ou une peau de bête sur le dos du cheval pour amortir les chocs. Pour la fixer, ils passaient sûrement une courroie sous le ventre du cheval... C'est ce qu'on appelle aujourd'hui le surfaix. Les premières selles sont apparues il y a environ 2 000 ans.

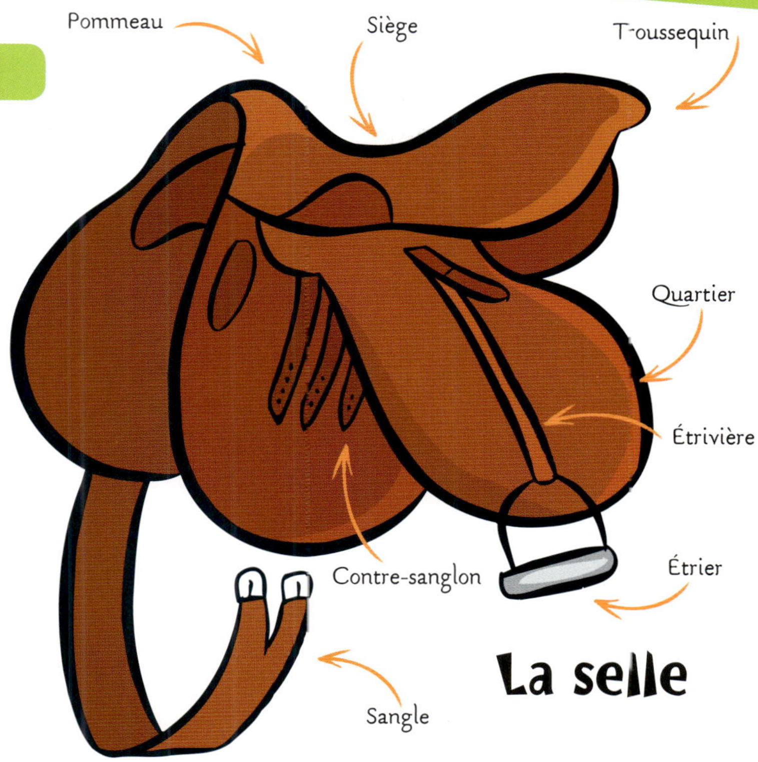

La selle

Questions/ réponses

Pourquoi faut-il resserrer la sangle avant de commencer à travailler ?
Le cheval n'a pas une envie folle d'avoir quelque chose de lourd sur le dos. Alors, il gonfle son ventre quand il sent que tu vas lui mettre la selle ! Ensuite, il s'habitue et le dégonfle...

Pourquoi y a-t-il 3 contre-sanglons pour 2 boucles de sangle ?
Pour qu'il y en ait un de rechange si l'un des 3 se casse, en randonnée par exemple ! De plus, tu peux ainsi fixer ta sangle plus ou moins en avant ou en arrière.

Attention, dos fragile !

Le dos de ton cheval est très sensible. Il peut se creuser sous ton poids s'il n'est pas musclé ou lorsque ta monture travaille la tête en l'air. Parfois, s'il donne un « coup de cul », c'est tout simplement histoire de se décoincer un peu les articulations du dos ! N'oublie pas de bien tirer sur ton tapis de selle pour dégager le garrot et éviter que la selle, en frottant, n'arrache le poil ou la peau. De même assure-toi toujours qu'il n'y a pas de blessure au passage de la sangle sous le ventre.

LE PIED À L'ÉTRIER

Ton cheval a sa selle, tu es prête à le monter. Mais comment l'aborder et grimper sur son dos ? En piste pour mettre le pied à l'étrier…

Conduis ton cheval dans le manège en tenant tes rênes dans la main droite, à environ 15 cm de l'anneau du mors, le flot des rênes dans la main gauche.

Ho ! hisse !

Astuce : Pour mettre tes étriers à la bonne longueur, tends ton étrier et son étrivière sous ton bras allongé devant toi, poing fermé : il doit t'arriver sous l'aisselle.

❶ Passe les rênes par-dessus l'encolure et dégarrotte. Prends-les dans ta main gauche. Glisse ton pied gauche dans l'étrier gauche.

❷ Hisse-toi pour lancer ta jambe droite par-dessus la croupe de ton cheval. Attention, n'effleure pas le dos de ton cheval qui peut prendre cela pour une invitation à avancer !

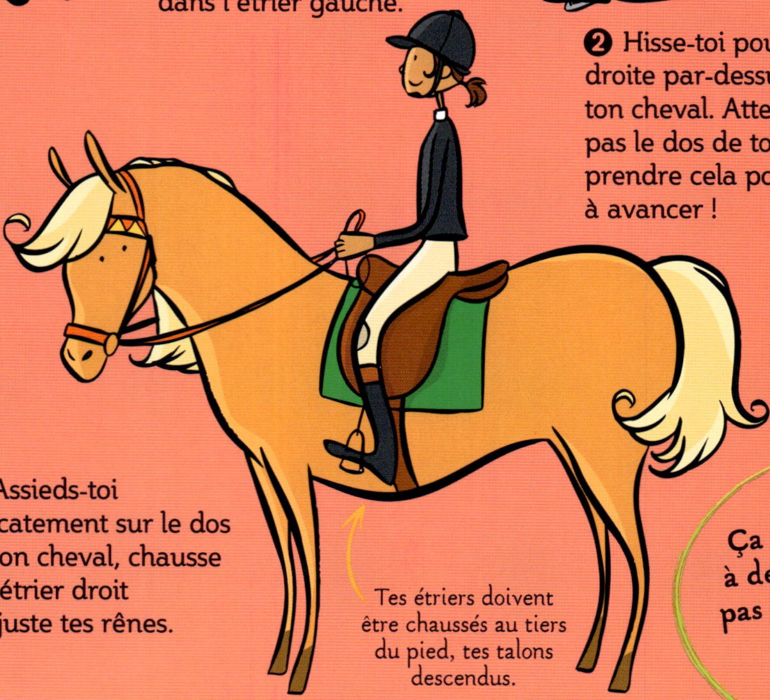

❸ Assieds-toi délicatement sur le dos de ton cheval, chausse ton étrier droit et ajuste tes rênes.

Tes étriers doivent être chaussés au tiers du pied, tes talons descendus.

Ça y est, tu es prête à démarrer. N'oublie pas de resangler après 5 à 10 minutes de travail.

Un seul étrier pour commencer

Pendant des siècles, les cavaliers se sont passés d'étriers... Dans l'Antiquité, ils se servaient de leur lance, équipée d'un marchepied amovible. Puis on a commencé à poser un seul étrier qui servait juste à monter. Petit à petit, les cavaliers se sont rendu compte qu'avec 2 étriers, ils auraient plus de stabilité. Quand les chevaliers ont dû tenir sur leur cheval avec une armure, les 2 étriers étaient devenus indispensables !

QUIZ

Que signifie l'expression « avoir le pied à l'étrier » ?

A/ Je suis coincée.
B/ Je suis bien placée dans une situation.
C/ Je vais m'en aller.

Réponse : B.

Que faire si...

Il est trop grand ?
Utilise un montoir ou demande à une copine de te faire la courte échelle. Tu peux aussi baisser un peu l'étrier, que tu remonteras une fois à cheval. Attention, ne le baisse pas trop, tu ne pourrais plus passer ta jambe par-dessus !

Il bouge tout le temps ?
Vérifie qu'il n'a pas mal quelque part. Il bouge peut-être aussi pour te taquiner ! Tends alors un peu plus la rêne droite pour qu'il ne tourne pas la tête dans tous les sens. Et parle-lui fermement !

OBÉIR À LA MAIN ET AU PIED

Comment faire comprendre à ton cheval qu'il doit avancer, tourner ou s'arrêter ? Tu vas te servir de ta voix, de tes mains, de tes jambes, du poids de ton corps. C'est ce qu'on appelle les aides naturelles.

Avec ton corps
Le poids de ton corps donne des renseignements à ton cheval : en redressant ton buste, tu lui indiques que tu veux t'arrêter ; en déplaçant le poids de ton corps, tu lui indiques la direction à prendre...

Avec une voix basse et traînante, tu rassures ton cheval.

D'une voix forte, tu le grondes...

Avec ta voix
La voix et surtout le ton que tu prends sont très importants.

Avec un ton sec et rapide, tu le stimules.

Avec tes mains
En tirant ou en relâchant les rênes, tu donnes des indications à ton cheval sur ce que tu attends de lui : tourner, accélérer, ralentir, arrêter...

Avec tes jambes
En pressant tes mollets plus ou moins fort contre les flancs de ton cheval, tu vas lui donner des ordres.

Accorde tes aides

Pour conduire ton cheval, il faut accorder les aides, c'est-à-dire actionner en même temps ou séparément tes mains, tes jambes… Mais c'est difficile de coordonner ses mouvements ! Pour y parvenir, fais comme moi : entraîne-toi à faire ces exercices.

❶ Pose ta main entre les 2 oreilles de ton cheval, en gardant tes jambes à leur place.

❷ Assise sur le gras des fesses, lève une jambe, la pointe des pieds relevée vers toi. Mets ton bras parallèle à ta jambe. Recommence de l'autre côté.

❸ Allonge-toi sur le dos de ton cheval, en laissant tes jambes à leur place.

La voix de son maître

Sais-tu que ton cheval à l'ouïe très fine ? Normal ! Mieux vaut entendre venir le danger de loin quand on n'a que la fuite pour se défendre. Ton cheval distingue toute une gamme de sons et reconnaîtra ta voix si tu lui parles régulièrement. Il connaît son nom et comprend un certain nombre de mots, comme « Au trot ! » et « Au galop ! ». Il lui suffit parfois d'entendre la monitrice les prononcer pour démarrer, avant même que tu te sois servie de tes jambes !

UNE BONNE ASSIETTE

À quoi reconnaît-on une bonne cavalière ? À sa bonne assiette, c'est-à-dire à sa façon de répartir le poids de son corps sur son cheval et à garder un bon équilibre.

Une belle allure

L'assiette, ça se travaille de la tête aux pieds. Revue de détail des 6 commandements pour avoir une belle allure sur ta monture.

Sois décontractée… mais pas molle ! Assieds-toi sur les ischions (les os que tu sens sous tes fesses quand tu es assise bien droite) et répartis bien le poids de ton corps de chaque côté de ton cheval pour ne pas pencher d'un côté ou de l'autre.

Laisse descendre tes jambes. Elles doivent tomber librement le long du corps de ton cheval. Relâche tes muscles. Ne serre pas les genoux. Garde les chevilles souples pour amortir les secousses.

Tire ton buste vers le haut, en tirant tes épaules vers l'arrière et en gardant le dos bien droit.

Garde le rein souple. Pense à décrisper le bas de ton dos.

QUIZ

**Parles-tu cheval ?
On utilise le terme « arrière-main » pour :**

A/ Le dos de la main.
B/ Le fait de reculer ses mains sur les rênes.
C/ La partie du cheval qui est situé en arrière de la selle.

Réponse : C. La partie du cheval située en avant de la selle se nomme « avant-main ».

Travaille ton assiette !

Comme les aides, la « bonne assiette » se travaille avec des petits exercices. En voici quelques-uns, à effectuer au pas.

Laisse tomber tes jambes et va toucher ton pied d'un côté, puis de l'autre. Excellent pour la taille fine !

Mets tes bras à l'horizontale et tourne le buste de chaque côté.

Relève tes 2 jambes en gardant le dos plat. Excellent pour garder un ventre bien plat !

à table !

Nos ancêtres préhistoriques chassaient les chevaux pour les manger et se servir de leurs peaux. Puis, il y a environ 3 500 ans, les hommes ont réalisé qu'ils pouvaient les dresser pour aller plus loin et plus vite. Ils s'en sont fait alors des copains. Pas trop tôt !

Fixe tes mains en levant les pouces vers le haut. Cela donne une bonne position à tes mains, t'aide à garder tes bras le long du corps, à décontracter tes épaules et à garder ton dos bien droit. La preuve : fais le geste inverse et tu constateras que tes poignets se cassent et que ton dos se voûte…

Lève la tête : tu conduiras mieux ton cheval. Si tu regardes par terre, tu arrondis ton dos.

TES PREMIERS PAS

Le pas est la première allure que tu vas prendre et c'est aussi la meilleure pour apprendre. À 6 km/h, on a le temps de faire les choses tranquillement !

Rênes en main

Prends une rêne dans chaque main, pouce vers le haut. En fermant et en ouvrant tes doigts, tu changes la tension sur les rênes et tu donnes des indications à ton cheval. Entre 2 exercices, relâche les rênes pour laisser ton cheval se détendre.

Que peux-tu faire si...

Il n'avance pas

Aide-toi de tes talons pour lui donner le signal du départ. Peut-être lui as-tu aussi donné 2 ordres contradictoires en serrant les mollets mais en gardant les doigts fermés. Ton cheval se demande alors ce qu'il doit faire : avancer ou s'arrêter ?

Il accélère

Tu veux aller au pas, mais ton cheval a envie de se dégourdir les jambes. Ton réflexe va être de tirer sur les rênes en te penchant en avant. Erreur ! Surpris par ta réaction, ton cheval va accélérer. Pour le freiner, redresse-toi en te penchant un peu en arrière, et referme les doigts sur les rênes.

Me vois-tu quand je suis sur ton dos ?

Bien sûr ! Si tu distingues l'un de mes yeux, je te vois moi aussi ! Tu n'as pas remarqué que parfois je démarre alors que tu n'as fait que lever la cravache ? En fait, j'ai une vision beaucoup plus large que la tienne et je détecte le moindre mouvement alentour. C'est aussi pour cela que je peux réagir brutalement aux gestes brusques. Par contre, je ne vois que d'un œil à la fois. Du coup, je perçois moins bien les couleurs et je ne vois en 3 dimensions comme toi que ce qui se trouve juste devant moi. Mais je suis comme mon copain le chat, je vois aussi la nuit…

Décore ta bombe

Une bombe toute noire, c'est un peu triste non ? Fais comme moi, décore la tienne !

Il te faut :
- Des lettres en gommettes
- Des petites perles
- 1 fil élastique
- Des gommettes en forme d'étoiles ou de fleurs
- De la colle en bombe

Bombe personnalisée
Avec les lettres, écris ton prénom et même ton nom sur ta bombe.

Bombe étoilée
Colle des gommettes de toutes les couleurs sur ta bombe. Si tu préfères dessiner toi-même tes motifs, utilise une colle bien forte pour les fixer.

Bombe perlée
Fabrique un collier de perles à la dimension de ta bombe à la hauteur de la visière. Glisse-le autour de ta bombe, en le collant sur la visière. Agrafe l'élastique en plusieurs points pour faire tenir le collier.

Au temps des diligences

Jusqu'à l'invention de la voiture et du train, on se servait des chevaux pour transporter les gens et le courrier. Ce sont de bons gros chevaux de trait, comme le percheron ou le boulonnais, qui tiraient les diligences. Au XVIIIe siècle, la vitesse est de 4 km/h en comptant les arrêts. Tout le temps d'admirer le paysage ! En souvenir de ce temps, la puissance d'un moteur de voiture est toujours calculée aujourd'hui en « chevaux » !

TOURNE, MANÈGE…

Ça y est, tu as trouvé la marche avant et le frein sur ta monture, maintenant tu vas apprendre à amorcer les virages. Mais ton cheval n'est pas une voiture, il ne suffit pas de tourner le volant !

On tourne ?

Pour tourner, il faut que tu indiques la direction à prendre à ton cheval, tout en continuant à avancer.

❶ Tourne légèrement ton buste dans la direction choisie. Tu changes ainsi ta position sur la selle et mets la puce à l'oreille à ton cheval.

❷ Écarte ta main, du côté où tu veux aller, en gardant le coude au corps : c'est une rêne d'ouverture.

❸ Avance ta deuxième main, rêne tendue, pour accompagner la torsion de l'encolure de ton cheval. Sinon, ton cheval reçoit un ordre contradictoire : une main lui dit de tourner, l'autre l'en empêche !

❹ Pour empêcher ton cheval de ralentir, donne des jambes.

Ton cheval doit tourner la tête du côté où tu veux aller.

Quand tu as tourné, ramène tes 2 mains en position normale et regarde droit devant toi.

La licorne

Avec sa corne torsadée sur le dessus de sa tête, sa belle robe blanche, la licorne est un des plus beaux chevaux de la mythologie ! Sais-tu que jusqu'au XVIIIe siècle, on pensait qu'elle existait vraiment, en Éthiopie, en Inde et en Chine ? La légende raconte qu'elle avait des sabots en or et qu'elle n'obéissait qu'à une belle jeune fille. Seuls les gentils avaient le privilège de l'apercevoir, car elle avait la particularité de disparaître aux yeux des méchants… Pratique !

Set de table à cheval !

Pour déjeuner chaque jour dans une ambiance très chevaline, fabrique un set de table décoré de multiples chevaux.

Il te faut :
- 6 rectangles de carton fort de 42 cm x 29 cm
- Des photos de chevaux découpées dans des magazines
- 1 rouleau de papier adhésif transparent
- De la colle

❶ Découpe des photos, fais un montage et colle-les sur une feuille de papier aux dimensions d'un des rectangles de carton.

Tu peux aussi faire des montages différents pour chaque carton, ou coller une photocopie de chaque côté.

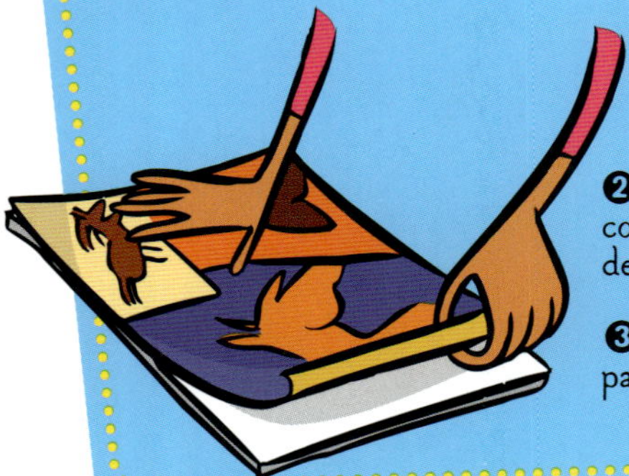

❷ Fais 6 photocopies couleur format A3 de ton montage.

❸ Colle une photocopie par carton.

❹ Recouvre de papier adhésif au recto comme au verso.

Bête à bouffer du foin ?

Ton cheval est-il intelligent ? Certains disent que non, d'autres que oui. En fait, son intelligence est très différente de la nôtre. Il n'analyse pas les situations, mais réagit en fonction de son instinct. C'est un observateur : il perçoit ce qui se passe autour de lui et s'en sert pour progresser. Il sait aussi dans quelle disposition d'esprit tu es quand tu t'approches de lui. Il peut enfin se montrer très malin pour arriver à ses fins. Un exemple ? Il est capable de pousser du nez la porte entrouverte de son box pour fouiller dans ton sac de pansage et dénicher une friandise que tu y cachais. Pas si bête, ton cheval !

MONTE À CRU

Monter à cru, c'est monter sans selle, comme les Indiens autrefois. Aujourd'hui, dans certains clubs, tu feras tes tout premiers tours à cru.

Je te reçois 5 sur 5 !

J'adore monter à cru. C'est la meilleure façon d'être en contact étroit avec mon cheval. Lui et moi, on ne fait plus qu'un ! Je sens tous les mouvements de ses muscles, sa chaleur, ses efforts. Penchée sur sa crinière, j'anticipe ses réactions, bref, on se comprend mieux tous les deux quand la selle ne s'interpose pas entre nous. Et puis Zazie m'a dit que monter à cru, c'était la meilleure façon d'améliorer mon assiette et mon équilibre.

QUIZ

Que signifie l'expression « monter à poil » ?

A/ Monter sans vêtements.
B/ Monter à cru.
C/ Monter un cheval avec de longs poils.

Réponse : B

Le dieu cheval

Jusqu'à ce que Christophe Colomb amène des chevaux en Amérique, les Indiens n'en avaient jamais vu ! Pour mieux soumettre les habitants du Nouveau Monde, Hernán Cortés, un autre conquistador, leur fit croire que les chevaux étaient des dieux. Au début, les Indiens ont eu très peur de ces bêtes qu'ils ne connaissaient pas. Mais très vite, ils sont devenus de formidables cavaliers. Ils montaient à cru, avec une simple corde passée autour de la mâchoire inférieure du cheval… Les Indiens et leurs chevaux sont alors devenus inséparables !

Grimper sans étrier

D'abord, choisis un cheval de petite taille. C'est plus facile de sauter à 1,50 m qu'à 1,70 m ! Et si on tombe, on tombe de moins haut… Tu peux t'accrocher à sa crinière ou utiliser ce système que j'ai mis au point avec Cléo : quand elle est à cheval, elle me tend la pointe de son pied pour que je m'en serve de marchepied. On se fait aussi la courte échelle…

Tenir sans selle…

La position de tes jambes est très importante. Descends-les le plus possible pour bien entourer les flancs de ton cheval. Monter à cru est recommandé pour acquérir une bonne assiette. À cru, on est obligé de se servir du rembourrage de ses fesses si on veut pouvoir tenir sans souffrir !

Pas trop souvent…

À cru, on a tendance à se tenir trop en arrière avec les jambes trop en avant. Alors, la monte à cru, c'est sympa, mais il faut aussi savoir chevaucher avec une selle !

Avec un cheval sympa

Choisis un cheval gentil et obéissant. Sans selle, on a moins d'équilibre et si le cheval est fougueux, la séance risque de se transformer en rodéo !

Des séances courtes

À cru, on ne monte jamais trop longtemps. Ça fait mal aux fesses et ça fait aussi mal au cheval : la selle n'est plus là pour répartir ton poids sur son dos.

LES LETTRES DE MON MANÈGE

Dans ton manège, tu as sûrement remarqué que ta monitrice te demande d'aller d'une lettre à l'autre. Elles servent de repères pour travailler.

Lettres mystérieuses

AFPBRMCHSEVKX. Ce n'est pas un code secret mais l'ordre des lettres de ton manège. Depuis quand existent-elles ? Mystère… Elles étaient déjà présentes aux jeux Olympiques de Los Angeles, en 1932.

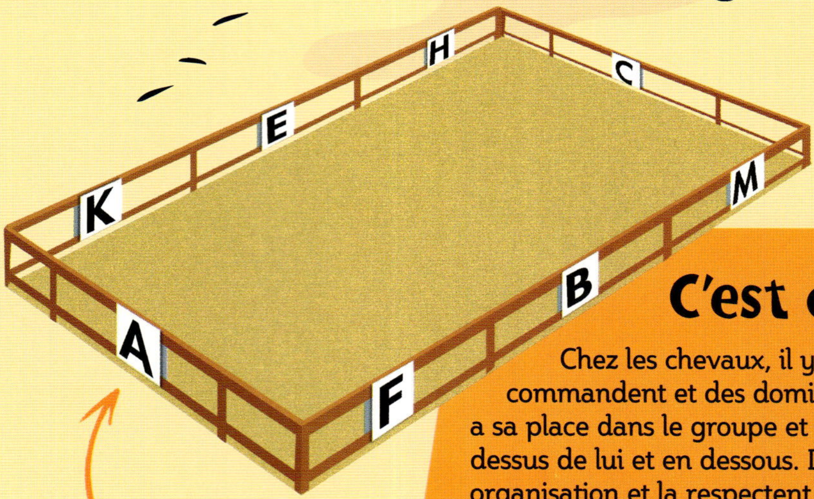

On ne sait pas qui a choisi ces lettres, ni pourquoi elles ne suivent pas l'ordre alphabétique.

C'est qui, le chef ?

Chez les chevaux, il y a des dominants qui commandent et des dominés qui obéissent. Chacun a sa place dans le groupe et sait très bien qui il a au-dessus de lui et en dessous. Les chevaux acceptent cette organisation et la respectent. Ne crois pas que celui qui obéit est malheureux : c'est le rang qui correspond à sa nature, à sa force. Il se sent rassuré par la présence du groupe. C'est bien connu, à plusieurs, on a moins peur !

Aux 4 coins

Pourquoi se fatiguer à faire les coins ? Ton cheval se pose sûrement cette question en reprise… et toi aussi. Voici 2 réponses.

Tu montres à ton cheval que c'est toi qui décides de la route à suivre. Pas question qu'il suive bêtement ses copains !

En faisant les coins, tu remontes légèrement tes 2 rênes : ton cheval redresse son encolure et se grandit.

Astuce :
Pour que ton cheval fasse bien tous les coins, continue sur la piste comme si tu allais tout droit. Quand ton cheval a la tête dans le pare-botte, indique-lui de tourner.

Toute détente commence par 5 minutes de pas, rênes longues. Ton cheval adopte une attitude naturelle, il se relâche tout à fait.

Quand il sera détendu, il pourra commencer à travailler et à enchaîner les allures que tu lui demanderas. Attention, tu dois toujours donner exactement le même ordre pour la même action.

Il a bien obéi ? Caresse-le.

Au travail !

Chaque semaine, tu fais travailler ton cheval au cours d'une leçon que l'on appelle la reprise. Comme tout bon sportif, ton cheval doit commencer à s'échauffer en douceur. Toute reprise débute donc par un quart d'heure de préparation appelée la détente. Elle permet à ton cheval d'assouplir ses muscles et de se mettre dans de bonnes dispositions pour t'obéir.

LE NEZ DANS LA POUSSIÈRE

À cheval, je tombe souvent le nez dans la poussière. Ce n'est généralement pas grave mais jamais très agréable, en tout cas ! Comment rester en selle le plus longtemps possible ?

Pourquoi on tombe

Ton cheval donne des coups de cul, il rue, il s'emballe, tu perds l'équilibre... Il existe de nombreuses raisons de te retrouver par terre. On dit d'ailleurs qu'une bonne cavalière doit être tombée plusieurs fois, alors !

Comment tomber ?

Lorsque tu réalises que tu vas tomber, ne te raidis pas, reste souple et essaie d'atterrir sur le côté plutôt que sur le dos. L'idéal, si tu peux, est d'arriver au sol en roulant... Ensuite, ne reste pas sur cette désagréable impression : remonte aussitôt en selle !

As-tu une mémoire d'éléphant ?

Oh, oui ! De quoi te rendre jalouse quand tu apprends tes leçons... Je me souviens de tout, du bon comme du mauvais. Tiens, rappelle-toi quand je t'ai « vidée » la dernière fois à la porte du pré, eh bien j'ai recommencé la même bêtise au même endroit, hi ! hi ! Blague à part, c'est grâce à ma mémoire que je progresse. Mais j'ai la mémoire courte : tu dois me récompenser tout de suite pour un bon réflexe, sinon je ne fais pas le lien entre mon action et ta réaction.

Un sacré rodéo !

Autrefois, pour marquer le bétail, les cow-boys organisaient des grandes fêtes avec des jeux à cheval. Un des plus spectaculaires consistait à tenir le plus longtemps possible sur un cheval sauvage… Aujourd'hui, les rodéos sont devenus un sport professionnel et c'est toujours la monte d'un taureau ou d'un cheval sauvage qui a le plus de succès. Il s'agit de tenir plus de huit secondes sur une bestiole pas commode. Nombreuses chutes assurées !

Tampon-cheval

Pour décorer tes classeurs, ton papier à lettres ou tes enveloppes, fabrique-toi un tampon-cheval.

Il te faut :
- Du carton d'emballage
- De la mousse créative (épaisseur 6 mm)
- 1 photo de fer à cheval
- Du vernis
- De la colle
- De la peinture dorée
- Des ciseaux
- 1 compas

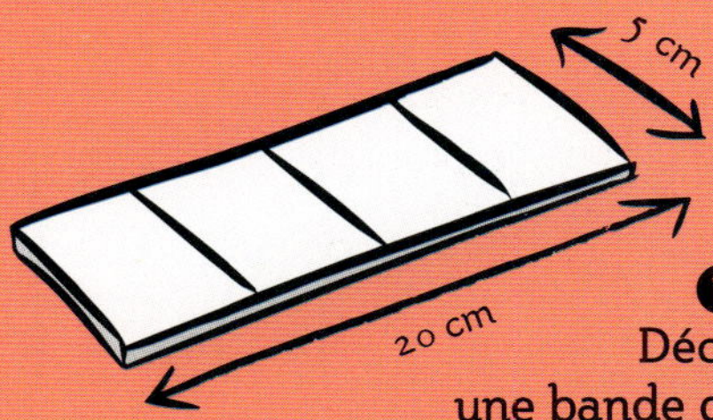

❶ Découpe une bande de carton de 20 cm x 5 cm. À l'aide de la pointe d'un compas, marque 3 plis tous les 5 cm.

❷ Forme un accordéon, puis colle les 4 épaisseurs de carton entre elles.

❸ Découpe dans la mousse la forme d'un fer à cheval. Avec des ciseaux pointus, évide 5 petits carrés. Colle ta forme sur le carton.

❹ Découpe dans un magazine une photo de fer à cheval et colle-la sur l'autre côté du carton.

❺ Vernis le carton et l'image pour les protéger. Laisse sécher et passe ainsi plusieurs couches de vernis.

❻ Peins la tranche du tampon avec la peinture dorée.

Pour tamponner ton papier à lettres, badigeonne la mousse à l'aide d'un pinceau, avec de l'encre ou de la peinture.

QUAND EST-CE QU'ON MANGE ?

Le cheval a un gros appétit mais un petit estomac… Il faut qu'il mange des petites rations 3 fois par jour, un peu comme nous !

Ton cheval a besoin d'un complément en sels minéraux. Alors, n'oublie pas le sel ! Pas sur son plat, mais à côté, sous forme d'une grosse pierre blanche suspendue à la porte de son box. Il la léchera avec plaisir, les yeux mi-clos…

Un menu de cheval

Le cheval est un herbivore : il adore le foin. Tu lui serviras donc son herbe séchée en hors-d'œuvre. Viendra ensuite le plat de résistance des céréales (avoine, maïs ou orge) ou des granulés industriels. Au dessert, des pommes ou des carottes, pour garder la forme. Enfin, laisse-lui toujours une litière de paille à grignoter. Pendant les longues heures où il t'attend dans son box, mâchouiller, ça l'occupe !

Ne double jamais sa ration : il pourrait avoir une colique mortelle. La petite ouverture de son estomac ne lui permet pas de rejeter le trop-plein. Un cheval ne vomit jamais !

Quand je n'ai pas de seau, je me sers d'un vieux pull, bien grand. Je relève le bas et je mets la ration pour mon cheval dans le creux du pull.

Et qu'est-ce qu'on boit ?

Le cheval boit beaucoup : en moyenne 40 litres d'eau par jour. Dans les clubs, la plupart des box sont équipés d'abreuvoirs automatiques : avec son nez, il appuie sur le fond pour déclencher l'arrivée d'eau. S'il est au pré, veille à ce qu'il ait toujours de l'eau claire à disposition. En cas de gel, pense à casser la glace. En été, s'il a eu très chaud, empêche-le d'engloutir trop d'eau froide d'un seul coup en glissant un doigt dans sa bouche, à la commissure des lèvres.

QUIZ

Qu'est-ce qu'un cheval qui fume la pipe ?

A/ Un cheval qui souffle de l'air par les narines.
B/ Un cheval à la retraite.
C/ Un cheval qui a des brins de paille qui dépassent de sa bouche.

Réponse : C.

Friandises ? Oui, mais...

Ton cheval est un sacré gourmand. Pour le récompenser quand il t'a bien obéi, tu peux le lui montrer en lui donnant une friandise. Mais ne lui en offre pas sans raison, tu perdrais une bonne façon de communiquer avec lui. Qu'est-ce qu'il aime ?

Des carottes, toujours coupées dans le sens de la longueur : en rondelles, elles risqueraient de l'étouffer. La carotte lui donnera le poil brillant.

Une pomme coupée en quartiers : c'est son fruit préféré !

Un quignon de pain bien dur. Garde tes vieux croûtons !

Un petit morceau de sucre ou un carré de chocolat. Sans en abuser, attention à sa ligne !

Des fruits secs, plus faciles à emporter que les frais.

LES GOÛTS DE TON CHEVAL

Pour bien t'entendre avec ton cheval, c'est important de connaître ce qu'il aime et ce qu'il déteste. Je l'ai interviewé à ce sujet…

Des chevaux en armure

Sans cheval, pas de chevalier ! Tous deux entretiennent une amitié solide. À la guerre ou dans les tournois, il faut que le cheval, peureux comme il est, soit très attaché à son maître pour ne pas s'enfuir. Petit à petit, on a d'ailleurs prévu aussi des armures en fer pour protéger les flancs des chevaux. Lors d'une bataille, on préférait désarçonner le chevalier pour l'emprisonner plutôt que de le tuer. Ainsi, on pouvait demander une rançon et surtout garder son cheval qui avait beaucoup de valeur !

QUIZ

Pourquoi les chevaux n'ont-ils pas de puces ?

A/ Parce qu'elles ne sautent pas assez haut.
B/ Parce qu'elles détestent l'odeur de la sueur du cheval.
C/ Parce qu'elles sont déjà sur le chat et ne peuvent pas être partout !

Réponse : B.

J'adore
Les sucreries. Je suis un affreux gourmand ! Un petit sucre pour cet aveu ?

J'adore
Les gratouilles et les papouilles. Gratouille-moi sous l'épaule, derrière le coude. Ah, que c'est bon !

J'adore
Travailler ? Un peu, mais pas trop. Finalement, quand je rentre au box après une balade, je suis le plus heureux des chevaux.

J'adore
Les caresses et les mots doux. Je suis un sentimental : j'aime qu'on m'aime et qu'on me le montre.

J'adore
Me rouler par terre. Je me régale à faire des cabrioles dans la poussière. Et en plus comme ça, je me gratte !

Le chasse-mouches maison

Pour aider mon cheval à se débarrasser des mouches qui lui tournent autour des yeux, j'ai fabriqué un astucieux chasse-mouches. Et si tu en faisais un pour le tien ?

Il te faut :
- 10 brins de cordelette de 30 cm environ

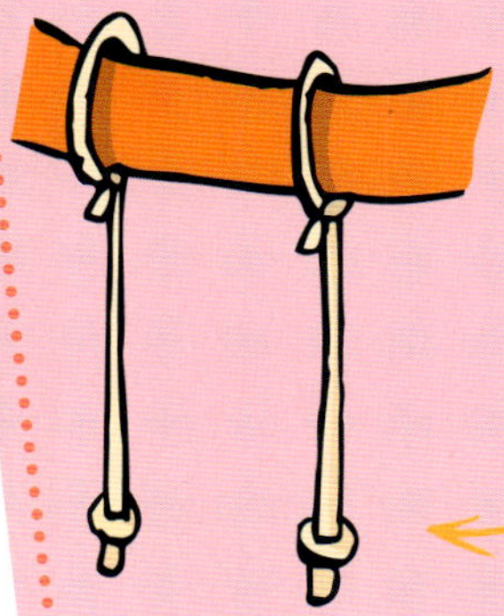

❶ Accroche un bout de chaque cordelette au frontal de ton cheval.

❷ Ajuste la longueur de façon à ce que les cordelettes arrivent à la hauteur de la muserolle. Fais un nœud à l'autre bout.

Les cordelettes s'agitent au moindre mouvement du cheval et empêchent les mouches de se poser autour de ses yeux. Merci, qui ? Merci, Juliette !

Les mouches. Ce sont mes plus grandes ennemies !

Je déteste

Qu'on me regarde droit dans les yeux. Pourquoi ? Mystère, c'est comme ça, ça m'énerve !

Je déteste

Les cris, les hurlements, j'suis pas sourd !

Je déteste

Les coups de mors dans la bouche. Pas la peine de tirer comme une forcenée sur les rênes, une petite pression et je comprends ce que tu veux.

Je déteste

Qu'on me rebondisse sur le dos en me confondant avec un trampoline, qu'on se le dise !

Je déteste

Rester seul très longtemps. Sans mes copains, sans toi, je m'ennuie.

Je déteste

UNE JOURNÉE DANS LA VIE D'UN CHEVAL

Si ton cheval tenait son journal, voici ce qu'on pourrait y lire. La plupart de ses journées se déroulent ainsi…

6 heures

Debout aux aurores, j'attends mon petit déjeuner avec impatience. Alors, cette ration d'avoine, ça vient ?

8 heures

C'est l'heure du ménage. Pendant qu'on nettoie mon box, j'en profite pour prendre un peu l'air, attaché sous l'auvent.

9 heures 30

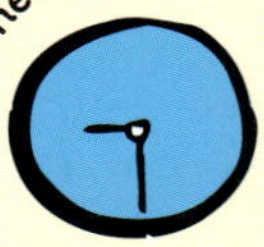

Tiens, voilà mon premier cavalier ! Il va me bichonner. C'est chouette, car j'ai bien besoin d'un petit pansage.

10 heures

Au travail ! Pendant la reprise, je me dégourdis les gambettes avec les copains.

Midi

Ouf, j'ai enchaîné deux reprises ! J'ai l'estomac dans les sabots… Heureusement, mon déjeuner est prêt !

13 heures 30

C'est l'heure de ma petite sieste, où je somnole tout en mâchouillant quelques brins de paille.

14 heures 30

Mais qu'est-ce qu'elle fait, Zazie, elle est en retard ? J'ai horreur qu'on bouscule mes habitudes ! Ah, la voilà !

15 heures

On file tous les deux en balade. J'adore nos promenades dans les bois !

17 heures

Retour au box. Eh, tu as oublié mon morceau de sucre ! Quelle ingrate…

18 heures

Me voilà propre comme un sou neuf. J'attends avec impatience ma troisième ration, la plus copieuse. Ce soir, j'ai faim !

19 heures 30

Au lit, tout le monde, bonne nuit !

Ton journal de cavalière

Ouvre un journal de cavalière. Sur les premières pages, inscris le nom, l'âge, la race, la robe, les particularités physiques de ton cheval. Chaque jour, tu y écriras ce que tu as fait avec lui, ses heures de travail, les problèmes de santé qu'il peut avoir.

Cheval, vos papiers !

Certains chevaux ont des papiers d'identité, d'autres pas. Sur les papiers, sont inscrites la date de naissance, la race, la famille d'origine. Les éleveurs font ainsi des mariages entre les meilleures lignées. De plus, pour participer à une compétition, les papiers sont indispensables. Un cheval sans papiers coûte moins cher à l'achat qu'un cheval avec papiers. Ce n'est pas pour autant un mauvais cheval...

PARLES-TU CHEVAL ?

Ton cheval ne parle pas avec des mots, mais il a mille et une façons de te faire connaître ses humeurs…

Des hennissements modulables

Le hennissement de ton cheval s'entend à un kilomètre à la ronde. Selon le ton, il signifie des messages différents.

Des oreilles bavardes

C'est surtout avec ses oreilles que le cheval communique. Leur position en dit plus long qu'un grand discours ! Apprends leur langage.

Oreilles couchées :
Je suis de mauvais poil, alors si tu insistes, je te mords.

Oreilles en ailes d'avion :
Je suis raplapla, complètement mou et un peu endormi… Va falloir que tu me réveilles un peu. Je peux aussi être malade. À surveiller !

Queue-de-cheval arc-en-ciel !

Tu veux avoir une queue-de-cheval aussi fournie que celle de ta monture ? Fabrique ma barrette queue-de-cheval.

Il te faut :
- 1 grande barrette
- De la laine effilochée de couleur
- Des plumes multicolores
- Du fil de laiton doré
- De la colle

❶ Fais-toi une queue-de-cheval et mesure sa longueur.

❷ Découpe des bouts de laine 2 fois plus longs que la longueur de tes cheveux. Effiloche-les en les crêpant avec un peigne.

❸ Plie en 2 un bout de laine. Fixe-le à la barrette avec un nœud coulé. Recouvre ainsi toute la barrette.

❹ Coupe la tige des plumes : elles doivent mesurer 6 cm environ.

❺ Fixe une plume à chaque bout de laine, en entortillant le fil de laiton sur 1 cm.

❻ Décore ta barrette en encollant les plumes et en les faisant passer sous la laine autour de ta barrette.

Attache tes cheveux

Quand on monte à cheval et qu'on a des cheveux longs, mieux vaut les attacher car ils peuvent être dangereux. S'ils se mettent sur tes yeux, tu n'y verras rien. Une cavalière ne doit pas avoir d'œillères ! En balade, ils risquent de s'accrocher aux branches. À pied, ils traînent dans la poussière lorsque tu te penches pour curer les pieds de ton copain.

Oreilles agitées :
Qu'est-ce qui se passe ? Je ne suis pas dans mon assiette, j'ai entendu quelque chose d'inquiétant, ça ne va pas...

Oreilles pointées vers l'avant :
Ça roule, je suis curieux de voir ce qui va se passer et je suis prêt à suivre tes instructions.

CONNAIS-TU TON CHEVAL ?

Les chevaux ont bien sûr des traits communs, mais chacun a sa personnalité. Avec l'accord de ta monitrice, fais passer ces 3 tests à ton cheval pour découvrir sa véritable nature.

Est-il indépendant ?

En principe, un cheval a horreur de la solitude. Dans la nature, il vit en groupe. Lâche ton cheval seul dans le manège. Au début, il va chercher ses copains. Il trotte, galope, rue, lâche un crottin en signe d'émotion ou, au contraire, il se fige et pousse un hennissement inquiet. S'il est assez indépendant, il va se calmer et visiter tranquillement les lieux. Si, au contraire, il s'affole, c'est qu'il ne peut se passer des autres. Cours alors le rassurer.

Est-il malin ?

Le cheval est un gourmand. Présente à ton cheval un seau de pommes coiffé d'un couvercle un peu large. Montre-lui la nourriture en soulevant une fois le couvercle. Il y a toutes les chances pour qu'il tente d'accéder aux fruits entrevus. Les plus malins feront tomber le seau ou soulèveront le couvercle du bout du nez. Les plus lents auront besoin d'avaler une ou deux bouchées avant de trouver la solution. Quant aux moins malins, ils n'y arriveront jamais !

Est-il curieux ?

Le cheval est aussi curieux que peureux. Pour savoir laquelle de ces qualités l'emporte, place un ballon gonflable de couleur vive au milieu du manège et observe la réaction de ton cheval. Plus il met du temps à s'en approcher, plus il tourne et souffle autour de lui, plus il est inquiet de nature. Il peut même refuser d'y toucher. Si, au contraire, il fait comme si de rien n'était, il est vraiment tranquille mais pas très curieux de nature…

Copains comme cochon !

Comme nous, les chevaux ont des copains. Quand 2 amis se rencontrent, ils se reconnaissent, se caressent du bout du nez, se mordillent le garrot... Au pré, ils se déplacent et mangent ensemble et quand l'un s'en va, l'autre est tout triste. Ils peuvent aussi se montrer très jaloux. L'amitié entre les chevaux peut durer toute une vie. Mais si certains s'adorent, d'autres se détestent. Gare à toi si tu attaches ton cheval à côté d'une jument qu'il ne peut pas supporter : il va taper sur la porte de son box, hennir méchamment jusqu'à ce qu'on les sépare !

Un cadre fer à cheval

Encadre ton copain dans un écrin de fers à cheval !

Il te faut :
- De la pâte à modeler durcissante
- 1 cadre en bois tout simple
- De la peinture acrylique de la couleur de ton choix
- De la colle à bois
- Du vernis

❶ Étale ta pâte à modeler à l'aide d'un rouleau. Avec un couteau ou une spatule, découpe 10 petits fers à cheval.

❷ Perce des trous pour imiter ceux du fer à cheval avec une allumette ou un clou.

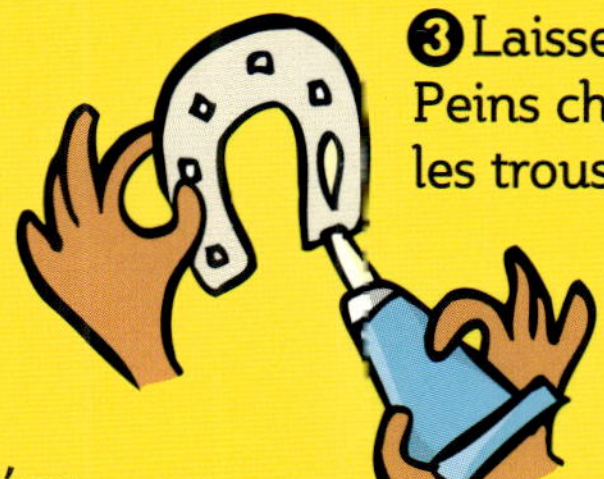

❸ Laisse sécher. Peins chaque fer et refais les trous si nécessaire.

❹ Encolle un côté de chaque fer.

❺ Place tes fers à cheval sur le cadre.

❻ Vernis le tout et glisse la photo de ton cheval à l'intérieur du cadre !

QUELLE CAVALIÈRE ES-TU ?

Tu adores ton cheval et tu le montes bien. Mais quelquefois, tu peux aussi faire des petites erreurs sans le savoir. Fais ce test pour te connaître encore mieux…

TEST

A/ Tu donnes des friandises à ton cheval

❍ Tout de suite quand il t'a obéi.
❑ Jamais, ça lui donne de mauvaises habitudes.
✰ Quand il en a envie.

B/ Ton cheval s'emballe…

✰ Tu lui cries dessus pour qu'il s'arrête.
❍ Tu essaies de l'amener à faire un cercle pour qu'il ralentisse.
❑ Tu tires d'un coup très sec sur le mors pour l'arrêter.

C/ Ton cheval s'arrête pour brouter…

❑ Tu lui fais peur pour qu'il avance.
✰ Il faut bien qu'il mange un peu, non ?
❍ Tu lui redresses la tête : c'est l'heure de travailler, pas de brouter.

Compte tes points
❑ = 1 point
✰ = 2 points
❍ = 3 points

Tu as 7 et plus :
Bravo, tu es une cavalière sympa mais pas trop, juste ce qu'il faut. Tous les chevaux rêvent d'être montés par toi. Tu es formidable !

Tu as entre 5 et 7 :
Avec toi, le cheval fait ce qu'il veut ou presque. Pourquoi se fatiguerait-il à travailler ? Il va falloir que tu lui montres que c'est toi qui commandes. Tu es un peu trop cool…

Tu as 4 ou moins :
Le cheval a besoin d'avoir des règles strictes mais aussi des moments de complicité avec toi. Lis toutes mes rubriques, tu le connaîtras mieux et tu obtiendras plus facilement ce que tu veux de lui… Tu es un peu trop sévère…

La gym de ton cheval

Pour que ton cheval se détende et fasse des progrès, fais-le travailler à la longe.

❶ Prends une longe d'au moins 8 m et une chambrière : un long fouet qui remplace tes jambes.

❷ Tiens la longe de la main gauche si ton cheval est à main gauche. Replie la longueur de longe qui te reste et tiens-la dans ta main droite.

❸ Conduis ton cheval au centre de la carrière et écarte-toi de lui en restant à la hauteur de son épaule.

❹ Donne-lui l'ordre de marcher. Quand la longe est tendue, marche parallèlement à lui.

❺ Tournez ensemble, lui dans son grand cercle, toi dans ton petit cercle.

❻ Alterne les « Marche ! » d'une voix ferme et brève et les « Oooh ! » d'une voix grave et plus traînante.

❼ Apprends-lui à marcher derrière toi. Il ne doit ni te coller, ni se faire traîner...

❽ S'il refuse d'avancer, pousse sur son épaule avec la tienne : tu l'obliges ainsi à se mettre en mouvement.

Petite gym au sol...

Toi aussi, détends tes muscles et échauffe-toi au sol avant de grimper sur ta monture.

Étire-toi vers le haut.

Les bras au-dessus de la tête, penche ton buste d'un côté, puis de l'autre.

Jambes écartées, penche le buste en avant. Garde le dos bien plat.

Plie un genou et tends l'autre vers l'arrière. Fais la même chose de l'autre côté.

Au trot !

Ça y est, tu tiens bien assise sur ton cheval !
Il est temps de faire tes premières figures au trot.
Tu vas découvrir que ton cheval
adore jouer et prendre des douches,
et que les juments sont des mamans en or…
surtout avec leurs filles !
Tu vas aussi apprendre comment te comporter
lors de tes premières promenades.

L'ALBUM DE FAMILLE

Il existe presque 200 races de chevaux ! Autrefois, les races étaient adaptées au climat de leur pays. Puis les éleveurs les ont croisées pour obtenir des chevaux adaptés au travail, à la course, au transport…

Chaud et froid

On distingue 2 grandes familles de chevaux : les chevaux à sang chaud, vifs, légers et rapides, et les chevaux à sang froid, lourds, trapus et calmes. Les premiers sont réservés aux courses et à l'équitation, comme les pur-sang, les seconds sont destinés à tirer des charges, comme le percheron.

Le pur-sang anglais, le plus rapide

Amoureux des courses, les Anglais ont croisé au XVIIIe siècle des étalons arabes avec des juments très vives. Ils ont ainsi donné naissance aux pur-sang anglais. Un mariage réussi : ils sont aujourd'hui les plus rapides de tous les chevaux !

L'arabe, le plus ancien

Les Arabes ont, les premiers, sélectionné les chevaux pour créer une race pure : le cheval arabe. Courageux, intelligent, rapide, il est aussi très résistant, probablement parce qu'il est né dans le désert d'Arabie où l'herbe est rare et maigre…

Le palomino, le plus beau

Avec sa belle robe couleur d'or, sa crinière blanche et ses sabots noirs, on dirait un cheval de légende ! On rêve toutes d'avoir un joli cheval comme lui, pour la frime…

Le falabella, le plus petit

Il ne fait que 70 cm, mais il est très robuste. Ce cheval de la taille d'un chien est aussi fidèle et amical que lui. Malheureusement, personne ne peut monter dessus, on se contente de le promener…

Le shire, le plus grand

Si tu te trouves un jour perché sur un shire, tu domineras le sol de 1, 80 m ! Il possède une longue queue et des sabots recouverts de longs poils. Escabeau obligatoire pour monter sur son dos…

Le percheron, le plus robuste

Ton arrière-arrière-grand-père en avait peut-être un ! Pendant des siècles, le percheron a remplacé le tracteur aux champs et la voiture en ville. Travailleur infatigable, il est en plus intelligent et obéissant. Un vrai trésor !

Le quarter-horse, bon partout !

C'est l'un des chevaux les plus populaires du monde. Il est présent dans tous les pays. Il est rapide mais moins que l'arabe. On l'utilise à la garde du bétail, à la randonnée et au rodéo. C'est le cheval des cow-boys.

Le selle français, le plus facile à monter

Excellent sauteur, c'est un cheval confortable et qui a un très bon caractère. Tu en rencontreras certainement dans ton club où ils sont en général nombreux.

CONCOURS DE BEAUTÉ

Rien à voir avec un défilé de mode ! Le « beau » cheval est un cheval adapté au travail qu'on lui demande. Un cheval de trait est beau pour tirer du poids, un pur-sang anglais pour galoper sur le gazon…

Qui c'est le plus beau ?

Cela dit, il y a quand même des chevaux élégants et beaux à regarder et d'autres carrément moches ! Compare un cheval gâté par la nature et son voisin affligé de toutes les tares.

QUIZ

Que signifie l'expression « monter sur ses grands chevaux » ?

A/ Choisir une monture de grande taille.
B/ Porter des talons aiguilles
C/ S'énerver.

Réponse : C. S'énerver, en prenant de haut la situation, comme si on était juché sur un grand cheval.

Un zèbre insecticide !

Sais-tu pourquoi les zèbres sont rayés ? Le zèbre descend d'un cheval qui vivait autrefois aux États-Unis. En arrivant en Afrique, il a dû s'adapter au climat et surtout se défendre contre les piqûres de la mouche tsé-tsé qui transmet la maladie du sommeil. Or ces mouches sont attirées par des masses sombres qui bougent sur un sol clair. Les ancêtres du zèbre ont donc commencé à se couvrir de rayures blanches pour perturber la vision des mouches. Mission réussie, ses descendants ne sont plus ennuyés par les insectes !

Un carnet-cheval

Pour marquer tes secrets, tenir ton journal de cavalière, fabrique ce joli carnet. Tu peux aussi en faire cadeau à une copine.

Il te faut :
- 1 carnet de 15 cm x 21 cm
- De la feutrine verte
- 1 semelle de cuir taille 44-45
- Des gommettes blanches ou argentées
- De la colle

❶ Découpe la feutrine aux dimensions de ton carnet, puis encolle la couverture et recouvre-la de feutrine.

❷ Décolle la surface en latex des semelles et découpe dans le cuir une bande de 5 cm x 15 cm.

❸ Découpe la forme d'un fer à cheval dans le talon de tes 2 semelles, comme tu le vois sur le schéma.

❹ Colle la bande de cuir sur le dos de ton carnet, comme une reliure. Décore-la avec les gommettes.

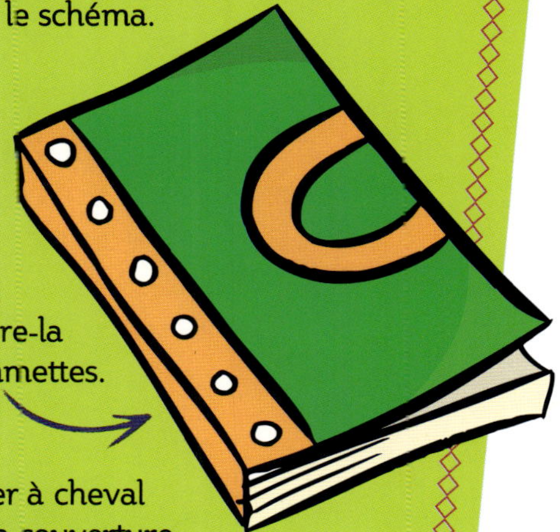

❺ Colle un fer à cheval au bord de la couverture, colle le deuxième au dos.

TOC, TOC, Y'A QUELQU'UN ?

Tu n'aimes pas qu'on entre dans ta chambre sans frapper ? Ton cheval non plus ! La moindre des politesses est de le prévenir de ton arrivée.

Entrez !

Ton cheval est un être vivant, pas une plante verte… Avant d'entrer dans son box, préviens-le en l'appelant par son nom. Puis entre franchement. Approche-toi de sa tête, du côté gauche, et présente-lui le licol ouvert. S'il lève le nez, ne hausse pas les bras : à ce petit jeu, c'est toujours lui qui gagne. Passe la main droite sous son encolure, caresse la joue opposée à toi et prends-lui gentiment mais fermement le chanfrein (la partie de la tête située entre le front et les naseaux).

Il peut partager son box avec un petit âne.

Il s'ennuie !

Ton cheval passe sa journée à balancer sa tête à la porte de l'écurie ? Il mordille les montants de son box ? Il tape du sabot contre la porte et avale bruyamment de l'air ? Ne cherche pas, il a des tics parce qu'il s'ennuie ! Attention, il risque de déprimer carrément ou bien de devenir hargneux. Ajoute à ça que les tics sont contagieux : on a vu des écuries entières se balancer en cadence.

Aucune punition ne le fera cesser. Mieux vaut entendre le message de ton cheval : au secours, je m'ennuie !

L'étiquette sur le box

Si ton club est d'accord, tu peux clouer une pancarte sur la porte du box de ton cheval. Tu y inscriras tout ce qui le concerne. Elle peut être en papier Canson fort ou en bois. Dans ce cas, prends une planche de bois et utilise un pyrograveur.

Pour une étiquette en bois, inscris les mêmes indications et garde de la place pour graver ses éventuelles victoires, le nom de ses poulains si c'est une jument...

Drôles de copains...

Le cheval a horreur d'être seul, c'est pour ça qu'il s'ennuie souvent dans son box. Si on pouvait lui mettre un deuxième cheval à côté, sa vie serait beaucoup plus belle. Malheureusement, les box sont en général trop petits pour héberger deux pensionnaires... Si ton cheval souffre de solitude, propose à ton club de lui donner un copain : à deux, on s'ennuie moins...

Tromper l'ennui...

Si c'est possible, sors-le plus souvent. Tu peux aussi lui installer une pierre à sel qui le détournera du bois de son box. Peut-être une ration de foin plus importante l'occupera-t-elle en attendant la prochaine reprise ?

LA TOILETTE DE TES CUIRS

La selle et les cuirs de ton cheval prennent la pluie, sèchent au soleil, s'imprègnent de sueur et durcissent. Il faut les nettoyer régulièrement.

Il te faut :
- 1 seau d'eau tiède
- 1 savon glycériné
- Des éponges
- 1 brosse à ongles
- De la graisse à cuir

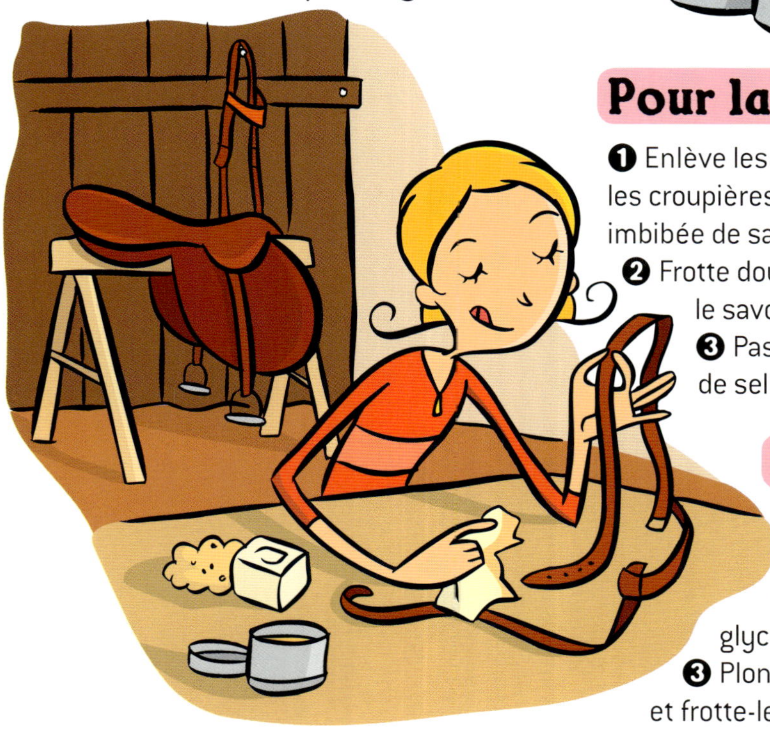

Pour la selle

❶ Enlève les sangles, les étrivières et les croupières. Nettoie la selle avec une éponge imbibée de savon.

❷ Frotte doucement les sangles avec le savon et rince bien.

❸ Passe de temps en temps ton tapis de selle à la machine à laver.

Pour le filet

❶ Démonte le filet en notant les emplacements des trous.

❷ Nettoie chaque pièce au savon glycériné puis rince-les à l'eau claire.

❸ Plonge le mors dans le seau et frotte-le à l'aide de ta brosse à ongles.

Au trot !

Le trot est une allure sautée à 2 temps. Le cheval pose l'antérieur droit et le postérieur gauche au sol, puis l'antérieur gauche et le postérieur droit. À chaque fois, cela provoque un petit bond. Le problème est d'amortir le choc !

Debout sur tes étriers

Comme le trot n'est pas très confortable, on te fait souvent commencer par le trot enlevé. Tu vas te lever sur tes étriers un temps sur deux, en accompagnant le mouvement du cheval pour éviter de te taper les fesses trop fort ! Exerce-toi d'abord au pas, en te mettant plusieurs fois assise et debout pour assurer ton équilibre.

❶ Quand ton cheval est au trot, mets-toi en équilibre.

❷ Retombe en douceur sur le dos de ton cheval. Ne te rassois pas trop en arrière, tu aurais du mal à te relever au temps suivant.

❸ Soulève-toi de ta selle au temps suivant. Aide-toi en comptant, un deux, un deux... jusqu'à ce que tu aies trouvé le rythme.

Pour éviter que ton talon ne remonte, écarte tes doigts de pied dans ta botte : tes orteils se décrispent et ta cheville reste souple.

Sois sympa !

Si tu sais lui parler, ton cheval t'obéira de bon cœur. Tu dois développer son plaisir de travailler. Récompense-le : dès qu'il t'a obéi, dis-lui « C'est bien ! » et utilise toujours la même formule. Varie les exercices, sinon il en aura vite assez de faire toujours la même chose. Ne le frappe pas sans raison avec tes talons et ne tire pas sur les rênes tout le temps. Si tu es sympa avec ton cheval, il sera toujours content de te voir arriver !

AU TROT ASSIS !

Maintenant que tu maîtrises le trot enlevé, il va falloir que tu t'entraînes assise. Aïe, au début, c'est drôlement « tape-cul » !

Tape-cul garanti !

Le trot assis, c'est comme les gammes au piano. Pas agréable, mais il faut bien en faire pour maîtriser la technique. Le trot assis permet de rester souple sur son cheval et d'épouser les mouvements de sa monture... Au début, on se raidit et on retombe sur le cheval au moment où son dos remonte. Rencontre douloureuse ! Pour l'éviter, il faut garder le dos bien souple et suivre le rythme du cheval sans être à contretemps. Allez, bon courage, il n'y a que les débuts qui coûtent !

Droite ou gauche ?

Pour savoir de quel côté tu trottes, regarde les épaules de ton cheval. Celle qui s'avance lorsque tu te lèves t'indique le côté : épaule droite, tu trottes à droite, épaule gauche, tu trottes à gauche.

Surveille ses jambes

Ton copain te paraît puissant et fort mais il est fragile. Tu dois surtout surveiller ses membres longs et fins. Sous le genou et le jarret, il n'a pas de muscles mais seulement des tendons, sortes de cordes tendues comme des ressorts. S'il a un membre brûlant ou gonflé, il a peut-être une inflammation des tendons. Préviens tout de suite ton moniteur ou ta monitrice.

Il te faut :

- 1 support de broche
- De la pâte à modeler durcissant à l'air
- Du fil de fer
- Du fil de laiton
- 4 petites perles noires
- De la peinture acrylique marron et dorée
- Du vernis

Un cheval à la boutonnière

J'ai offert cette broche à Zazie. Elle te plaît ? Fabrique la même !

❶ Aplatis la pâte au rouleau sur une épaisseur de 5 mm. Découpe un rectangle pour le corps (plus long que ton support de broche) et un trapèze pour la tête.

❷ Forme une petite boule pour former le museau et aplatis-la sur le trapèze.

❸ Pince les 2 autres extrémités du trapèze pour former les oreilles.

❹ Enfonce 2 petites perles noires pour les yeux et 2 autres dans le museau pour les narines.

❺ Glisse un fil de fer dans la tête et le corps pour faire le cou et 4 fils de fer dans le corps pour les jambes. Modèle 4 petites boules pour les sabots et enfonce-les au bout des jambes.

❻ Enfonce le support de broche au dos du cheval.

❼ Plante des bouts de fil de laiton sur la tête pour la crinière. Fais la même chose pour former la queue.

❽ Laisse sécher une journée. Puis peins le cheval en marron. Pour obtenir un effet de vieux bijou, passe au pinceau sec un peu de peinture dorée. Vernis ton cheval pour le protéger.

UN SACRÉ JOUEUR !

Tu t'amuses avec ton chat ou ton chien. Mais penses-tu à jouer avec ton cheval ? Pourtant, il adore ça ! C'est une façon pour lui de se défouler et aussi d'apprendre.

Jeux interdits

Attention, le cheval est beaucoup plus fort que toi ! Ne joue jamais avec un cheval que tu connais mal ou, pire, avec un groupe de chevaux. C'est très dangereux. Et même si le tien est très gentil, impose-lui des limites car il peut oublier sa force en jouant et te faire mal !

Jouer pour grandir

Le poulain fait comme tous les bébés du monde, il joue à « faire le grand » pour le devenir. Par le jeu, sa maman lui apprend à se défendre, à connaître ses limites. Entre eux, les poulains adorent jouer à la course, à la bataille « pour rire » : ils testent ainsi leur courage et leur force.

Jouer pour devenir ami

Si tu joues avec ton cheval, tu vas t'en faire un sacré copain. Lance-lui un ballon, il adorera courir et l'attraper. Non, il ne te le rapportera pas ; mais ce jeu créera une complicité entre vous. Quand il travaille, pense à lui ménager des petites récréations. Comme nous, il a besoin de s'amuser entre 2 cours !

Jouer pour se défouler

En grandissant, le cheval qui vit en groupe continue à jouer. Parfois, au pré, des chevaux se mettent à cavaler. Ils se courent après, font des cabrioles… tout ça pour se défouler. Comme nous quand on joue au ballon !

Jeu de l'épervier

Tu peux jouer à ce jeu au pas, au trot ou au galop selon ton niveau. C'est sympa parce qu'il n'y a pas de perdante et on s'amuse beaucoup.

Règle du jeu

Pour toi aussi c'est important de jouer à cheval. Cela t'apprend à suivre le sens d'un parcours. Ton club organise sûrement des jeux. Tu peux jouer à l'épervier avec tes copines. On s'y amuse souvent toutes les quatre.

1. Juliette fait l'épervier : elle se met au centre et nous sur le côté le plus étroit du manège.
2. Quand on passe devant elle pour aller de l'autre côté, elle doit nous toucher.
3. Si elle en attrape une, celle-ci devient épervier à son tour.

Jouets pour cheval

Pour que ton cheval s'amuse dans son box en t'attendant, suspends-lui un ballon à sa porte. Les chevaux aiment aussi beaucoup les clochettes et les hochets : glisse des anneaux de bois sur une corde, ton cheval jouera à les faire coulisser. Attention, il faut que tes jouets soient solides et ne risquent pas de lui faire mal !

HUM, UN PEU D'AIR FRAIS !

Ras le bol du manège ? C'est le moment de sortir prendre un peu l'air. Ton cheval adore les promenades, mais il faut que tu respectes quelques consignes de sécurité.

Il a peur des voitures !

Attention, ton cheval peut être facilement effrayé par le bruit d'un camion ou d'un klaxon et faire un écart brusquement. Avant de circuler sur la route, habitue-le aux bruits des moteurs de voiture dans une cour fermée. Caresse ton cheval et parle-lui s'il n'a pas l'air rassuré. Une fois sur la route, pense à prévenir les conducteurs.

Suis le code

Sur la route, ton cheval est comme un véhicule, tu dois donc suivre le même code de la route que si tu étais à vélo.

Pour demander aux conducteurs de ralentir, lève et baisse ton bras plusieurs fois.

Si tu mènes ton cheval à la main, place-toi toujours du côté des voitures pour rassurer ton cheval et prévenir ses écarts.

QUIZ

On dit qu'un cheval « sent l'écurie » quand :

A/ Il a besoin d'être pansé.
B/ Il a reconnu le chemin du retour et se hâte pour rentrer.
C/ Il reconnaît ses copains à l'odeur.

Réponse : B.

Habille-toi de couleurs vives pour être vue de loin par les automobilistes.

Marche bien sur la droite et reste au pas. Respecte les feux, les stops, les priorités.

Mets-toi en file indienne, sauf pour traverser. Les cavaliers doivent alors se mettre côte à côte, sinon cela prendrait trop de temps.

C'est par là, je te dis !

Ton cheval a un sacré sens de l'orientation. Si tu te perds en forêt avec lui, tu peux lui faire confiance pour retrouver le chemin du retour. Laisse-lui les rênes longues, il rentrera au bercail sans se tromper. On ne sait pas trop comment le cheval se débrouille pour se repérer. Il utilise sans doute sa mémoire. Il note dans un coin de sa tête tout ce qu'il perçoit avec ses yeux, ses oreilles et son nez : arbre couché, parfum de champignons, glouglou d'un ruisseau. Peut-être reconnaît-il même de loin l'odeur de son écurie ?

À LA DOUCHE !

Tu aimes prendre des douches ? Ton cheval aussi, surtout en été, quand il fait bien chaud.

Lavage à grande eau

Quand il transpire ou qu'il a passé de nombreux jours au pré, ton cheval a besoin d'être nettoyé. La douche le débarrasse de sa sueur, de la boue et de la poussière.

Ne lui mets surtout pas d'eau dans les oreilles : cela risque de lui faire perdre son sens de l'équilibre, qui, comme pour nous, se situe dans l'oreille interne.

Il te faut :

- 1 jet d'eau
- 1 seau
- 1 shampooing naturel et très doux sans parfum
- 1 éponge

❶ Mouille ton cheval en commençant par ses jambes à l'aide d'un jet sans pression : bouche la sortie de l'eau avec ton pouce pour la laisser s'échapper en pluie. Ne dirige jamais ton jet sur sa tête.

❷ Frictionne son poil avec ta main.

Une croupe à damiers

Dessine un damier sur la croupe de ton cheval. Trace des carrés de 50 cm sur une feuille de papier Canson format raisin. Évide un carré sur deux de façon à former un damier en pochoir. Demande à une copine de tenir la feuille sur l'un des côtés de la croupe de ton cheval et brosse les poils à l'envers avec un bouchon humide. Asperge de laque ou de spray fixant et retire le pochoir. Fais la même chose de l'autre côté.

Chez le coiffeur

À chaque fois que tu le montes, il faut brosser la crinière et la queue de ton cheval avec un bouchon. Question d'allure, sinon il a l'air d'un sauvageon avec ses crins tout emmêlés et des brins de paille dans la queue. Ramène tous les crins du même côté de l'encolure et n'oublie pas son toupet. La queue se brosse brin par brin, des 2 côtés.

Attention, si tu lui mets du shampooing dans les yeux ou le nez, il ne voudra plus que tu le laves !

❸ Plonge ton éponge dans un seau d'eau, dans lequel tu auras versé un peu de shampooing, et savonne tout le corps de ton cheval.

❹ Trempe sa queue dans le seau et shampouine-la comme on lave des cheveux.

❺ Rince ton cheval jusqu'à ce qu'il n'y ait plus du tout de shampooing.

❻ Essuie-le avec un chiffon bien propre.

❼ Place ton cheval au soleil pour qu'il finisse de sécher.

BIEN DANS SES SABOTS…

Les pieds de ton cheval sont délicats. Il faut en prendre soin parce que ce sont eux qui supportent son poids et amortissent les secousses quand il retombe au sol.

Pied agile, pied fragile

Comme nous, le cheval n'aime pas marcher avec un caillou dans sa « chaussure ». Avant et après le travail, tu dois lui curer soigneusement les pieds pour les débarrasser de la saleté et vérifier l'absence de blessure ou de pierre coincée sous le fer.

Attention, ne touche pas la fourchette, tu lui ferais mal. Contrairement aux sabots, elle est en chair.

❶ Place-toi à la hauteur de l'épaule ou de la hanche, le dos tourné à la tête.

Il ne t'obéit pas ? Appuie-toi contre l'épaule et tiraille un peu les poils du fanon. Tu peux aussi pincer l'arrière du canon.

❷ Fais glisser la main le long du membre en disant à ton cheval « Donne ».

❸ Avec un cure-pied, gratte pour enlever la boue. Commence par le talon, puis passe de chaque côté de la fourchette jusqu'à la pince.

Des chaussures à son pied

Le pied de ton cheval se termine par un unique doigt, le sabot. Il pousse d'1 cm par mois et se renouvelle complètement tous les 10 mois environ. Le fer est un peu la chaussure de ton cheval. Il protège son sabot de l'usure due au travail et à la marche sur la route ou le sol cimenté. Au pré, on peut laisser un cheval « pieds nus », c'est-à-dire déferré. Mais il faut lui couper la corne régulièrement, sinon il aurait l'ongle trop long et le sabot se retournerait.

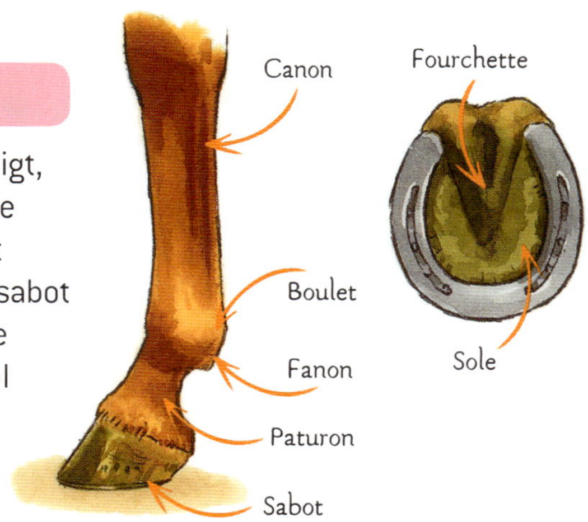

Ça fait mal ?

Une fois par mois, le maréchal-ferrant vient au club vérifier l'état des fers des chevaux. Il coupe la corne et change les fers s'ils sont usés. Qu'il travaille à chaud, en posant le fer brûlant sur le pied, ou à froid, en clouant le fer directement sur le pied, ton cheval ne sent rien. Il n'y a pas de nerfs dans la corne, c'est comme quand tu te coupes les ongles. Seulement, on tient le cheval attaché bien court pour qu'il ne bouge pas, car il a plus peur que mal !

Des souliers vernis

❶ Une fois que Cléo a bien curé les pieds de mon cheval, je nettoie ses balzanes avec un shampooing, puis je les rince au jet d'eau.

❷ Je n'oublie pas de bien sécher les plis du paturon pour que mon cheval n'ait pas de crevasses.

❸ Ensuite, je blanchis les balzanes avec de la craie pour mieux les faire ressortir.

❹ Enfin, j'applique un peu d'onguent noir sur les sabots. C'est un peu le vernis à ongles des chevaux.

UNE FORME OLYMPIQUE !

Ton cheval est-il en bonne santé ?
Sans être vétérinaire, apprends à reconnaître certains signes qui ne trompent pas.

Le baromètre santé

Il va bien quand...

- Il a l'œil vif, le poil brillant, les oreilles froides et qu'il tient la tête bien haute.
- Il piaffe d'impatience quand tu arrives pour le faire travailler.
- Il dépose de beaux crottins « moulés » dans sa litière et ne laisse rien dans sa mangeoire.

Un peu d'exercice

Pour être en forme, ton cheval a besoin de sortir tous les jours. Les chevaux de club travaillent trois à quatre heures par jour. C'est un maximum : au-delà, ça devient de l'esclavage ! Même les jours de repos (une fois par semaine), fais marcher ton ami dix minutes, pour qu'il se dégourdisse les jambes. Si tu peux le lâcher dans le manège, sous surveillance, c'est encore mieux.

Fièvre de cheval ?

Quand on dit qu'on a une fièvre de cheval, c'est pour dire qu'on a une grosse fièvre. Pourtant, le cheval est l'animal qui a la plus basse température de tous les animaux. Son thermomètre plafonne à 37 °C quand il va bien, comme nous, alors que les autres animaux affichent un bon 38 °C, avec un record toutes catégories battu par les oiseaux : 40 °C. Alors fièvre de cheval ou fièvre de moineau ?

Il va mal et appelle au secours quand…

- Il a l'air triste, abattu, et tient sa tête basse.
- Il ne mange rien ou quelques brins du bout des lèvres.
- Il cherche à se rouler et ploie son encolure en direction de son ventre.
- Il gratte le sol du sabot, transpire beaucoup et respire vite.
- Il refuse de bouger et reste couché à ton approche.
- Il fait des crottins tout mous, ou pas de crottins du tout.
- Il tremble et s'agite continuellement, en se regardant les flancs.

C'est grave, docteur ?

Tu constates au club, après un entraînement, que ton cheval a des naseaux rouges et dilatés et perd même un peu de sang. Ne t'inquiète pas : sous l'effort, des petits vaisseaux ont dû claquer dans les voies respiratoires. Dès qu'il se remettra au repos, ces signes disparaîtront.

Urgence !

Malgré sa taille, ton cheval est plus fragile que ton chat ou ton chien. Il craint les rhumes, la grippe, tousse et se révèle assez souvent allergique. Voici les 3 urgences sur lesquelles il faut intervenir immédiatement en appelant le vétérinaire : les maux de ventre, la fourbure (maux de pieds) et le coup de sang (mal aux muscles). Les maux de ventre sont très dangereux pour les chevaux car, comme je te l'ai déjà dit, le cheval ne peut pas vomir.

Le problème, c'est que ton cheval ne parle pas et quand il souffre, il ne gémit pas comme le chien ou le chat. C'est donc à son attitude que tu peux repérer un éventuel problème.

VOLTE ET DEMI-VOLTE

Volte, cercle, serpentine… Non, ce ne sont pas des noms de danses mais des figures que tu vas apprendre à faire sur ton cheval. En piste !

Figures imposées

Voici les principales figures que ta monitrice te demandera d'exécuter dans le manège.

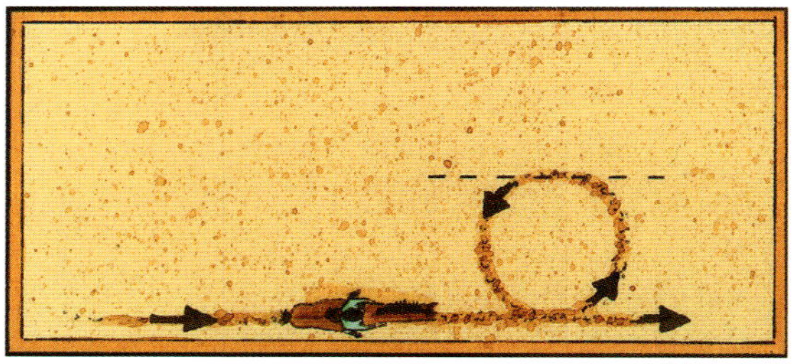

La volte :
Un petit cercle de 6 à 10 m de diamètre.

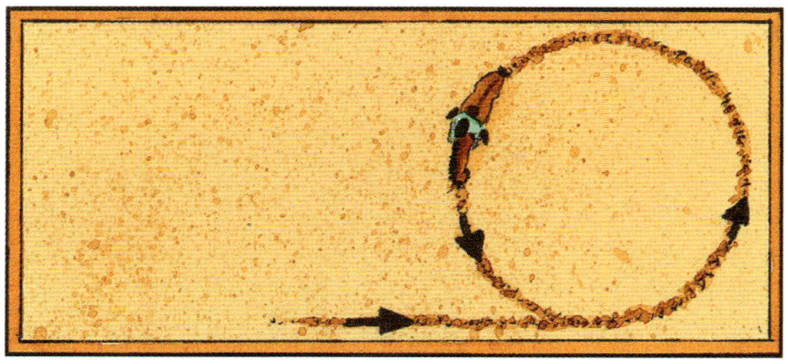

Le cercle :
Un cercle de 10 à 20 m de diamètre.

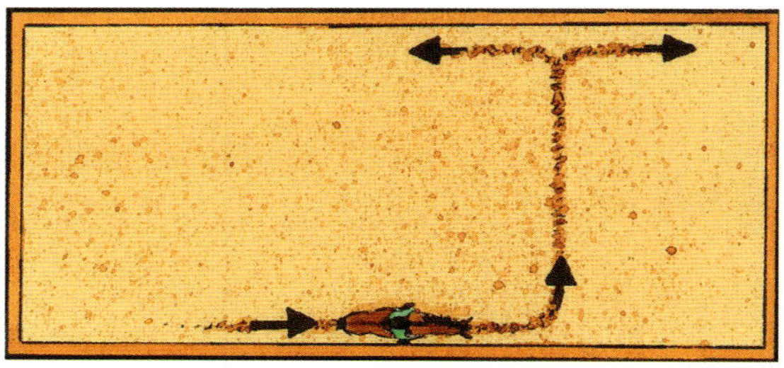

Doubler dans la largeur :
Tu traverses le manège dans sa largeur et tu changes ou pas de main.

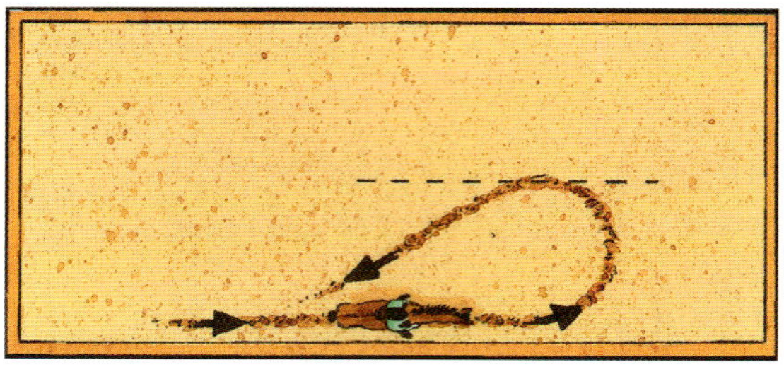

La demi-volte :
Tu commences comme une volte puis tu rejoins la piste en oblique, à la main inverse.

Changement de main dans la diagonale :
Tu traverses le manège dans sa diagonale et tu repars en sens inverse.

Changer de main

Pour le cercle et la volte, tu ne changes pas de main. Mais pour la demi-volte, tu seras obligée de le faire. Pendant le travail, la monitrice te demandera de changer de main pour éviter de fatiguer toujours le même diagonal de ton cheval.

Règles de sécurité

Voici les règles à respecter quand tu travailles en manège :

- Garde tes distances : il doit y avoir environ la longueur d'un cheval entre 2 chevaux.
- Lorsque tu croises un cavalier, si vous êtes à la même allure, la priorité est à celui qui est piste à main droite.
- Sinon, la priorité est à celui qui est à l'allure la plus rapide.

C'est quoi, ces manières ?

Ton cheval doit t'obéir au doigt et à l'œil. C'est vite dit mais pas toujours facile à obtenir. Parfois, certains chevaux font preuve de mauvaises manières avec leur cavalier. Si le tien se permet quelques excès, rappelle-le à l'ordre sans attendre car cela pourrait vite dégénérer.

- Ne lui permets pas de prendre les friandises dans ta poche : la première fois, il le fera peut-être doucement, mais la deuxième il peut être brutal…
- Quand il est jeune, ne le laisse pas te mordiller le pull pour rire. Devenu grand, le jeu sera moins rigolo et il te mordra vraiment.
- Ne le laisse pas faire de petites ruades : s'il en prend l'habitude, tu risques lors d'une plus forte de te retrouver par terre !
- Quand tu as donné le signal du travail, pas question qu'il continue à jouer.
- Ne le laisse pas frotter sa tête contre toi : tu n'es pas un arbre ! Il doit apprendre à te respecter.

UNE PETITE LAINE POUR L'HIVER ?

L'hiver au box ou au pré, le cheval peut avoir besoin d'une couverture. Elle est même obligatoire si le cheval a été tondu.

Poils d'hiver, poils d'été

Dès les premières gelées, le poil de ton cheval s'épaissit. Certains poneys deviennent même de vrais nounours ! Du coup, l'animal transpire au travail et peut prendre froid s'il n'est pas bien séché avant le retour à l'écurie. Pour éviter un mauvais rhume, on tond souvent les chevaux, en laissant le poil long sur les membres et le dessin de la selle. Dans ces cas-là, il faut prévoir une couverture pour empêcher les refroidissements durant les longues heures d'immobilité au box.

L'hiver au pré...

Si ton cheval passe l'hiver au pré, vérifie chaque jour que tout se passe bien, surtout les jours où il fait très froid.

Recouvre les parties couvertes de verglas avec du sable ou de la sciure pour que ton cheval ne glisse pas.

Pour empêcher l'eau de l'abreuvoir de geler, place un petit ballon en caoutchouc dedans. Sinon, pense à casser la glace 2 fois par jour.

Le collier porte-bonheur

Fabrique-toi un collier porte-bonheur avec les crins de ton cheval.

Il te faut :
- 3 clous de fer à cheval
- 1 lacet de cuir
- 1 anneau de jonction
- Du fil de fer
- Des crins
- 1 pince

❶ Avec la pince, tords 2 clous et fais une boucle à la pointe du troisième clou.

❷ Enfile l'anneau avant de bien refermer la boucle.

❸ Avec le fil de fer, relie les 3 clous pour former ton pendentif, comme tu le vois sur le schéma.

❹ Fais 2 petits pompons avec quelques crins de ton cheval, coupés sur sa queue ou sa crinière, que tu lies ensemble avec un bout de fil de fer.

❺ Accroche tes pompons aux 2 clous extérieurs en entortillant le fil de fer tout autour.

❻ Passe le lacet de cuir dans l'anneau et resserre avec le fil de fer, comme une bague de resserrage autour d'un tuyau.

Chaud, chaud !

Comment font les chevaux sauvages qui n'ont pas la chance d'avoir une copine pour leur mettre une couverture l'hiver ? Ils parcourent de grandes distances au galop, courent dans les prés, s'amusent, chahutent, bref se réchauffent tout seuls !

Il fait vraiment trop froid ? Rentre-le à l'écurie. Attention, s'il a le bout des oreilles gelées, cela veut dire qu'il a froid partout !

S'il est tondu, mets-lui une couverture.

Donne-lui de plus grosses rations : le froid, ça creuse !

UNE MAMAN EN OR

La jument est très attentionnée avec son poulain. Dès la naissance, elle le lèche pour le réchauffer et pousse son poulain à se lever sur ses pattes pour sa première tétée.

Que de bébés !

Une jument peut avoir des poulains durant toute sa vie. Mais en général, on évite qu'elle soit enceinte après 20 ans pour ne pas trop la fatiguer. Le record du monde a été battu par une jument australienne de 42 ans !

Future maman

Une jument porte son bébé pendant onze mois. En principe, rien n'interdit de la monter durant les premiers mois, mais il ne faut pas qu'elle fasse trop d'efforts. Évite bien sûr de la faire sauter ou de lui imposer de longues heures de travail. Dès le septième mois de grossesse, mieux vaut la promener sans la monter. Pense aussi à lui donner une ration plus importante, avec des vitamines. Lorsqu'elle aura eu son poulain, ne la fais pas trop travailler pendant qu'elle allaite.

Où vas-tu ?

La jument surveille tout le temps son poulain. Quand elle le sent en danger, elle se dresse devant l'ennemi et cache son petit derrière elle. S'il insiste, elle l'attaque à coups de dents et de pieds ! En grandissant, le poulain commence à s'éloigner de sa maman.

Quand son poulain part un peu trop loin, la jument le rappelle vers elle en poussant des hennissements sonores. Même quand il est grand, elle continue à avoir peur pour lui...

Permis, pas permis

C'est Maman qui décide de ce que peut faire son poulain ou pas. Elle lui apprend à respecter les autres et la hiérarchie. Elle joue beaucoup avec lui et lui montre comment ne pas faire mal. C'est elle aussi qui lui indique les bonnes herbes à manger. Celle-ci est mauvaise ? La jument pousse un ronflement qui signale à son poulain « défense de manger ».

QUIZ

Connais-tu le sens de ces mots ? Barre l'intrus parmi les réponses.

1/ Un foal ?
A/ Un cheval qui s'emballe.
B/ Un poulain qui vit encore avec sa mère.

2/ Un entier ?
A/ Un mâle non castré.
B/ Un cheval non tondu.

3/ Une pouliche ?
A/ Une femelle de moins de 4 ans.
B/ Une belle jument.

4/ Une jument bréhaigne ?
A/ Une jument pas commode.
B/ Une jument avec des canines comme un mâle.

5/ Un sire ?
A/ Le père d'un poulain.
B/ Le plus fort du troupeau.

Réponse : B/A/A/B/A.
Compte 1 point par bonne réponse.
Si tu as plus de 4 bonnes réponses, tu es très calée en vocabulaire chevalin.
En dessous, va vite voir le dictionnaire à la fin du livre pour compléter tes lacunes !

Amies pour la vie

La jument est très attachée à ses petits, surtout à ses filles. Si on ne les sépare pas, elles restent ensemble toute leur vie ! Les garçons, eux, quittent le troupeau vers 2 ans, à la puberté.

ET QUE ÇA SAUTE !

Dans la nature, les chevaux contournent les obstacles, ils ne les sautent jamais. Il va donc falloir que le tien apprenne un geste qui ne lui est pas naturel.

En position de saut

Avant de te lancer dans les airs avec ton cheval, entraîne-toi à prendre la bonne position. Mets à ton cheval un collier d'encolure car, au début, on a tendance à trop tirer sur les rênes. Au pas, puis au trot, passe de la position droite à la position penchée, en gardant ton dos droit et ta tête levée. Dispose des barres au sol et recommence.

Les premières barres

Au début, tu vas sauter des cavalettis : de vraies barres mais pas très hautes. Remonte tes étrivières d'un trou ou deux et chausse tes étriers au tiers du pied. Avant de t'élancer, souviens-toi que tu dois maîtriser ton inquiétude sinon le cheval le sentira et il ne t'obéira pas. Allez, prête ? On saute !

Garde les mains basses avant d'aborder le saut.

1

Dès que ton cheval s'est élancé, lève-toi au-dessus de la selle sans te mettre debout sur tes étriers. Ce sont les muscles de tes cuisses qui travaillent !

2

Des patères en fer à cheval

Pour suspendre ta bombe, fabrique une patère en fer à cheval.

❶ Lave les fers dans un seau d'eau savonneuse et sèche-les soigneusement.

❷ Enduis-les à l'aide d'un pinceau de produit antirouille et laisse sécher.

Il te faut :
- Des vieux fers à cheval (récupérés après une visite du maréchal-ferrant)
- Du produit antirouille
- 1 planche de bois
- De longs clous

❸ Demande à un adulte de fixer les fers dans la planche à l'aide des clous en les plantant dans les trous déjà existants. Espace les fers de 15 cm environ si tu en mets plusieurs.

Suis-moi !

Passe un licol à ton cheval et demande-lui de marcher derrière toi sur un matelas ou une planche posée par terre. Tu vas tester ainsi sa confiance en toi. Laisse-lui le temps de flairer l'obstacle, puis engage-toi dessus. Un cheval normalement équilibré et confiant acceptera de te suivre au bout de 2 ou 3 tentatives. Si le tien refuse, c'est qu'il a peur. Il n'est pas encore prêt pour le saut. Recommence un autre jour. Tu verras, la patience est toujours plus efficace que la force !

Laisse tes mains accompagner le mouvement de l'encolure de ton cheval.

❸

Redescends sur la selle en amortissant le choc avec tes genoux et tes talons.

Reprends ton allure en te redressant.

❹

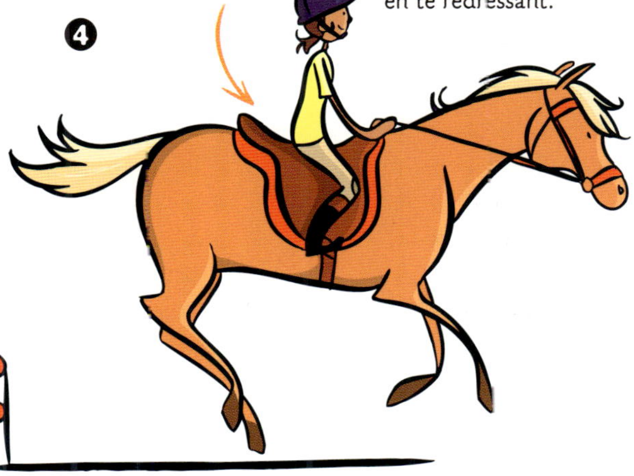

À VUE DE NEZ...

Ton cheval a un flair formidable ! Il est capable de percevoir des odeurs qui te passent à toi complètement… sous le nez.

Pour que ton cheval te reconnaisse et qu'il identifie bien ton odeur, je te conseille de lui souffler très doucement dans les naseaux.

C'est toi ?

L'attachement du poulain à sa maman se fait à l'odeur. Ils passent leur journée à se renifler mutuellement. Une fois leur parfum bien connu et reconnu, ils ne l'oublieront jamais, même s'ils sont séparés !

Un étalon est capable de repérer une jument en chaleur à plus de 600 m de distance !

Une jument connaît bien l'odeur de son poulain.

Barrière d'odeurs

Dans la nature, les chevaux se servent de leurs crottins et de leur urine pour délimiter leur territoire. Si un cheval qui n'est pas du clan s'avise à passer la « barrière », il se fera vite mettre dehors par les autres. Pas besoin de porte dans les bois, juste des odeurs !

Fiancée en vue...

Tu verras parfois ton cheval retrousser sa lèvre supérieure sur sa gencive, la tête dressée et l'œil exorbité. Ce n'est pas pour te faire peur. C'est ce qu'on appelle le réflexe de Flehmen. Il est juste curieux et hume l'air ainsi pour mieux identifier une senteur insolite. L'étalon a également ce comportement quand il sent une jument en chaleur dans les parages.

QUIZ

Qu'est-ce qu'un hippiatre ?

A/ Un cheval avec une longue crinière.
B/ Un vétérinaire spécialisé pour les chevaux.
C/ Un cheval qui a perdu une course.

Réponse/ B.

Ton cheval distingue les chevaux du groupe à leur odeur et reconnaît ainsi ceux qu'il aime bien et ceux qu'il ne peut pas... sentir.

Parfum naturel

Le cheval a ses têtes et ses odeurs. Parfois, il ne peut pas « sentir » un cavalier et il va tout faire pour le mettre par terre. Inutile alors d'insister ! Les jours où tu montes, évite de te parfumer car ton cheval ne reconnaîtrait plus ton odeur naturelle. En général, les chevaux ont horreur des parfums synthétiques qu'ils trouvent trop forts à leur goût.

Reconnaissance

Quand ton cheval voit pour la première fois quelqu'un ou quelque chose, son premier réflexe sera de le renifler. C'est sa façon de faire connaissance avec l'inconnu. Sans son nez, il serait vraiment déboussolé !

C'est à l'odeur que ton cheval repère si une plante est bonne pour lui ou pas.

PAS DE PANIQUE !

Oh ! Là ! Tout doux, mon cheval !
On se calme… Parfois ta monture rue ou s'arrête net et n'a plus qu'une envie : te débarquer ou piquer un sprint.
Que faire ?

Il botte :
Montre-lui que tu n'es pas contente. Et surtout, ne te penche pas en avant !

Il botte

Une petite ruade de temps en temps pour se dégourdir les postérieurs, ce n'est pas très grave. Il est énervé ? Il n'aime pas le cheval qui le suit ? Il se sent trop près de son voisin ? C'est possible… À toi de prendre les mesures nécessaires. Mais s'il n'a aucune raison de botter, il faut sévir ! Maintiens-lui la tête assez haut car un cheval ne peut pas ruer la tête en l'air et garde tes rênes bien tendues.

Il refuse d'avancer :
Donne-lui un petit coup de cravache s'il persiste.

Il pile

Rien de plus désagréable qu'un cheval qui pile ! Souvent, il s'arrête brutalement parce qu'il a peur de quelque chose. Rassure-le et essaie de lui faire apprivoiser ce qui lui fait peur en l'habituant petit à petit à s'en approcher : il verra vite qu'il ne risque rien en passant devant cet énorme réservoir d'eau ou cette girouette qui grince…

Il se cabre

En principe, un cheval dressé ne se cabre pas. S'il arrive au tien de se dresser sur ses postérieurs, c'est sûrement qu'il a eu peur. Avant de se cabrer, ton cheval donne des signes : il piétine en soulevant légèrement ses antérieurs, il agite la tête et l'encolure. Rassure-le en le détournant de ce qui l'effraie. S'il se cabre quand même, penche-toi en avant en t'appuyant sur tes étriers et accroche-toi à la crinière. Surtout, ne tire pas sur tes rênes !

Il se cabre : Pèse de tout ton poids pour pousser ton cheval à reposer ses antérieurs au sol.

Il refuse d'avancer

Ton cheval n'a pas envie d'avancer parce qu'il préfère rester avec ses copains. Ou il en a assez de travailler et veut rentrer au box. Pour éviter de le lasser, change souvent d'exercice et, en promenade, évite de prendre la même route à l'aller et au retour. Attention, un cheval qui refuse d'avancer finira par se cabrer. Autant lui faire perdre cette mauvaise manie tout de suite.

QUIZ

Que signifie l'expression « ruer dans les brancards » ?

A/ Traverser sans regarder.
B/ Protester vivement.
C/ Donner un coup de pied dans une porte.

Réponse : B. On dit d'un cheval qu'il rue dans les brancards quand il est attelé et qu'il lance ses sabots en arrière, et donne des coups dans les brancards. Pour les humains, on utilise cette expression pour dire qu'on n'est pas d'accord et qu'on s'oppose vivement à quelque chose.

La cravache montre à ton cheval que tu as les moyens de le faire obéir, quelle que soit son humeur. Cela dit, ne l'utilise pas à tort et à travers !

DU BON USAGE DE LA CRAVACHE

La cravache est une aide pour conduire ton cheval, pas une arme à brandir en permanence. Si tu en abuses, ton cheval peut se mettre à te détester…

Sévère mais juste !

À quoi sert la cravache ? À te faire obéir de ton cheval quand les aides naturelles ne suffisent pas. Non, ce n'est pas faire preuve de cruauté que de lui donner de temps en temps un bon coup de cravache quand il se fait un peu tirer l'oreille pcur faire ce que tu lui demandes. Si tu cèdes à ses fantaisies par peur d'être méchante, ton cheval va en profiter et devenir de plus en plus capricieux. Mieux vaut d'ailleurs lui donner un petit coup de cravache sec que de lui labourer les flancs à coups de talons pendant de longues minutes : c'est plus efficace et moins douloureux pour ton cheval !

Peur de son ombre…

Le cheval est peureux, c'est sûr, mais celui d'Alexandre le Grand battait tous les records : il avait même peur de son ombre ! Son maître décida alors de le dompter en le plaçant face au soleil. Ce cheval s'appelait Bucéphale et devint vite son cheval favori. Quand il fut tué lors d'une bataille, Alexandre fut inconsolable. Pour honorer la mémoire de son ami, il fonda sur son tombeau la ville de Bucéphalie.

Chuchoter à l'oreille...

Pendant des siècles, on a dressé les chevaux par la force. Mais aujourd'hui, les nouveaux dresseurs préfèrent utiliser la douceur plutôt que les coups. On les appelle les nouveaux maîtres. Certains sont capables d'amadouer un cheval sauvage en quelques heures, sans violence. Leur méthode ? Ils ont appris à « penser cheval » et se mettent même à 4 pattes pour faire semblant de brouter avec lui, pour le rassurer ! Il y a aussi les « chuchoteurs » qui possèdent un don incroyable pour communiquer avec le cheval. Mais ils gardent jalousement leur secret...

Apprends à dessiner un cheval

Le cheval est un animal qui a beaucoup de grâce quand il se déplace. Pour le dessiner, il faut reproduire son mouvement. Utilise un crayon gras pour un tracé léger et n'appuie pas trop sur la mine.

❶ Dessine une ligne centrale pour la colonne vertébrale et l'encolure.

❷ Trace 2 triangles au niveau des articulations des antérieurs et des postérieurs.

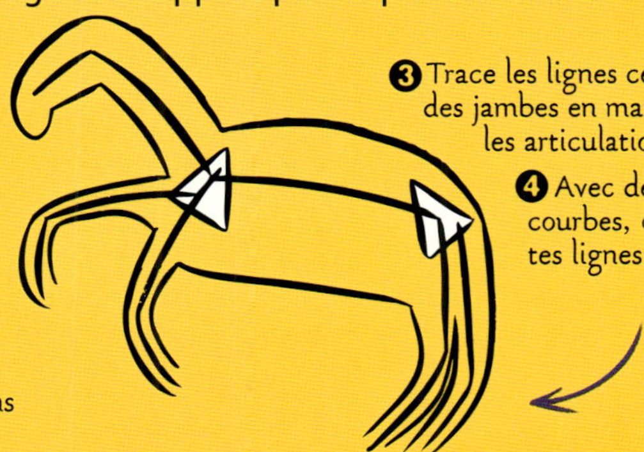

❸ Trace les lignes centrales des jambes en marquant les articulations.

❹ Avec des lignes courbes, « habille » tes lignes centrales.

❺ Dessine les sabots, les oreilles, les yeux et les naseaux.

❻ Dessine la crinière et la queue, en donnant du mouvement grâce à des courbes.

❼ Gomme les lignes centrales de ton dessin pour ne garder que le contour, que tu passeras au feutre ou au crayon plus appuyé.

❽ Pour la couleur, utilise crayons de couleur, gouache ou pastels. Marque les zones d'ombre avec une couleur foncée, les reflets avec du blanc. Utilise du noir pour l'intérieur des oreilles, des yeux et des naseaux.

BALADE EN FORÊT

J'adore me promener en forêt avec mes copines.
C'est un peu l'aventure et mon cheval aussi est ravi.

Terrain en pente

Le sol n'est pas lisse et le terrain pas forcément plat... Pour monter ou descendre, tu vas devoir aider ton cheval. En montée, penche-toi en avant et, en prenant appui sur tes étriers, soulève-toi légèrement de ta selle pour soulager ses postérieurs. Raccourcis un peu les rênes et accompagne le mouvement de balancier de son encolure. En descente, laisse les rênes allongées mais tendues. Redresse ton buste et, comme en montée, soulève-toi légèrement de ta selle pour soulager le dos du cheval. Attention, ne précède pas ton cheval mais ne reste pas en arrière non plus. Dans les 2 cas, le mieux est de te faire la plus légère possible pour ne pas gêner ton cheval.

Respecte une distance de 2 m environ quand tu marches en file indienne mais ne te laisse pas trop distancer : ton cheval pourrait se mettre au galop pour rattraper ses copains !

En cas de terrain en pente trop caillouteux, choisis un autre passage.

Ne galope pas sur un sentier si tu n'as pas une bonne visibilité.

Retour à la liberté

De nombreux mustangs d'Amérique se sont échappés de leurs ranchs et ont reformé des troupeaux sauvages. Enfin presque, car sans l'intervention des hommes, ils ne pourraient pas survivre. Pourquoi ? Parce qu'il n'y a plus de prédateurs pour rétablir l'équilibre. Alors ils deviennent trop nombreux et n'ont plus assez à manger : résultat, ils meurent de faim !

Terrain glissant

Le problème en forêt, c'est que le sol n'est pas aussi lisse et dur qu'en manège. Si tu passes sur un sol sablonneux, pas de problème, le terrain « porte » bien. Mais si tu vois un chemin boueux, de la terre molle, évite-le : non seulement ton cheval risque de s'enfoncer, mais ses piétinements vont abîmer le chemin. Attention aussi aux tapis de feuilles, à l'automne, qui risquent de cacher des souches d'arbre.

Les chevaux sont peureux... Es-tu d'accord ?

Peureux, peureux… c'est vite dit, je suis prudent, oui, et un brin méfiant, je te l'accorde. Cette attitude me vient de mes ancêtres. Nous, les chevaux, nous ne sommes pas comme les ours, dotés de griffes, ou comme les loups, qui ont leurs crocs pour se défendre. À l'état sauvage, nous n'avons qu'une seule façon d'échapper à nos ennemis : éviter de nous retrouver nez à nez avec eux et, quand c'est le cas, fuir à toutes jambes ! Aussi, nous sommes toujours sur le qui-vive et au moindre bruit suspect, nous détalons…

Il est important de respecter quelques consignes de sécurité et de politesse.

Au galop !

Passe au galop, l'allure préférée
de toutes les cavalières.

Tu vas partir en randonnée,
apprendre à sauter de vrais obstacles,
devenir incollable en hippologie,
trouver des idées sympas pour déguiser ton cheval
le jour d'Halloween, découvrir les avantages...
et les inconvénients d'avoir un cheval à soi !

T'AS DE BEAUX YEUX...

Un cheval qui a l'œil qui brille est un cheval en pleine forme. En revanche, si ton copain a l'œil éteint, plein de larmes, c'est qu'il ne va pas bien...

Tu veux ma photo ?

Voici la tête d'un cheval en gros plan. Fais comme moi : apprends les mots qui servent à désigner les différentes parties. Tu deviendras championne en hippologie.

Poils aux yeux !

Observe bien les yeux de ton cheval. En plus de ses cils qui les protègent de la poussière et de la lumière, il a également de longs poils raides appelés les vibrisses. Grâce à ces poils, il « sent » la présence d'objets ou d'insectes et cligne aussitôt des yeux pour empêcher l'intrus de pénétrer dans son œil. Il ne faut donc jamais les couper car ils sont très utiles !

Son œil en dit long

L'œil de ton cheval t'indique son état de santé et son âge. Un jeune cheval a l'œil rond, vif et bien ouvert. Un vieux cheval a l'œil plus étroit et le regard plus terne. Son arcade sourcilière se creuse également. Autrefois, les marchands regardaient bien l'œil d'un cheval pour être sûrs de ne pas acquérir un vieux canasson !

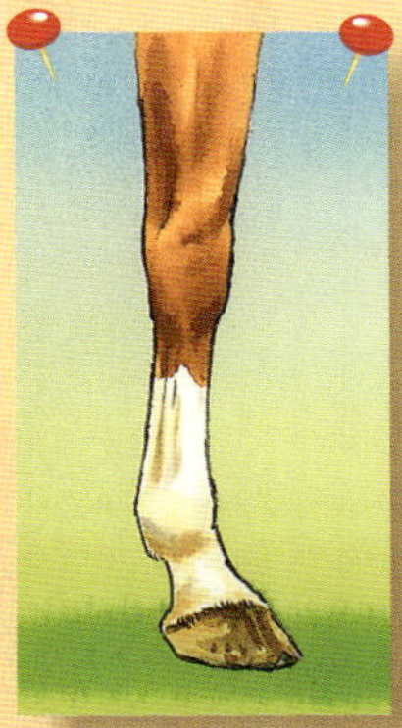

Grande balzane.

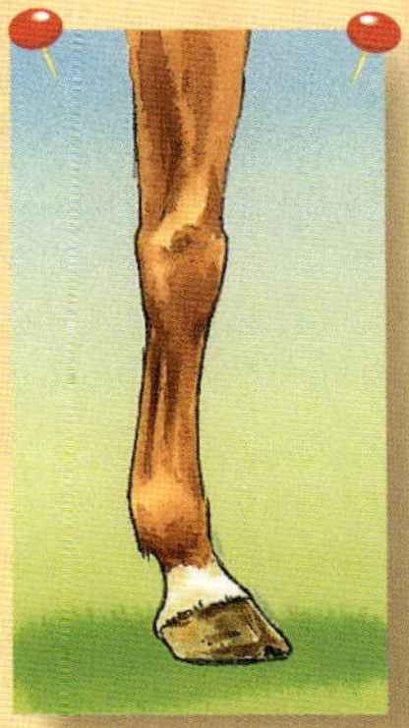

Petite balzane.

Liste :
Avec une bande blanche sur le chanfrein.

Belle face :
Front, chanfrein, bouche et menton blancs.

Chaussettes ?

Ton cheval a des marques blanches sur les jambes : les balzanes. On dirait des chaussettes. Suivant leur forme et leur couleur, elles portent des noms différents. Un cheval peut avoir une balzane différente à chaque jambe !

Pelote ?

Les marques blanches sur la tête portent des jolis noms, selon leur taille, leur place et leur forme : étoile, pelote, liste...

Pelote :
Marque blanche au milieu du front.

Boit dans son blanc :
Bouche et menton blancs.

AU GALOP !

Tu maîtrises bien le trot ? Alors, c'est le moment de passer à la vitesse supérieure. Accroche-toi, on part au galop !

L'allure des cavaliers

Au galop, tu as un grand sentiment de liberté. Avec les copines, c'est notre allure préférée ! Bien sûr, au début on a un peu peur, mais on se rend vite compte que cette allure est confortable et surtout très amusante. Le galop est une allure sautée et, à un moment donné, aucun sabot du cheval ne repose plus au sol ! D'où cette impression de voler dans les airs avec sa monture...

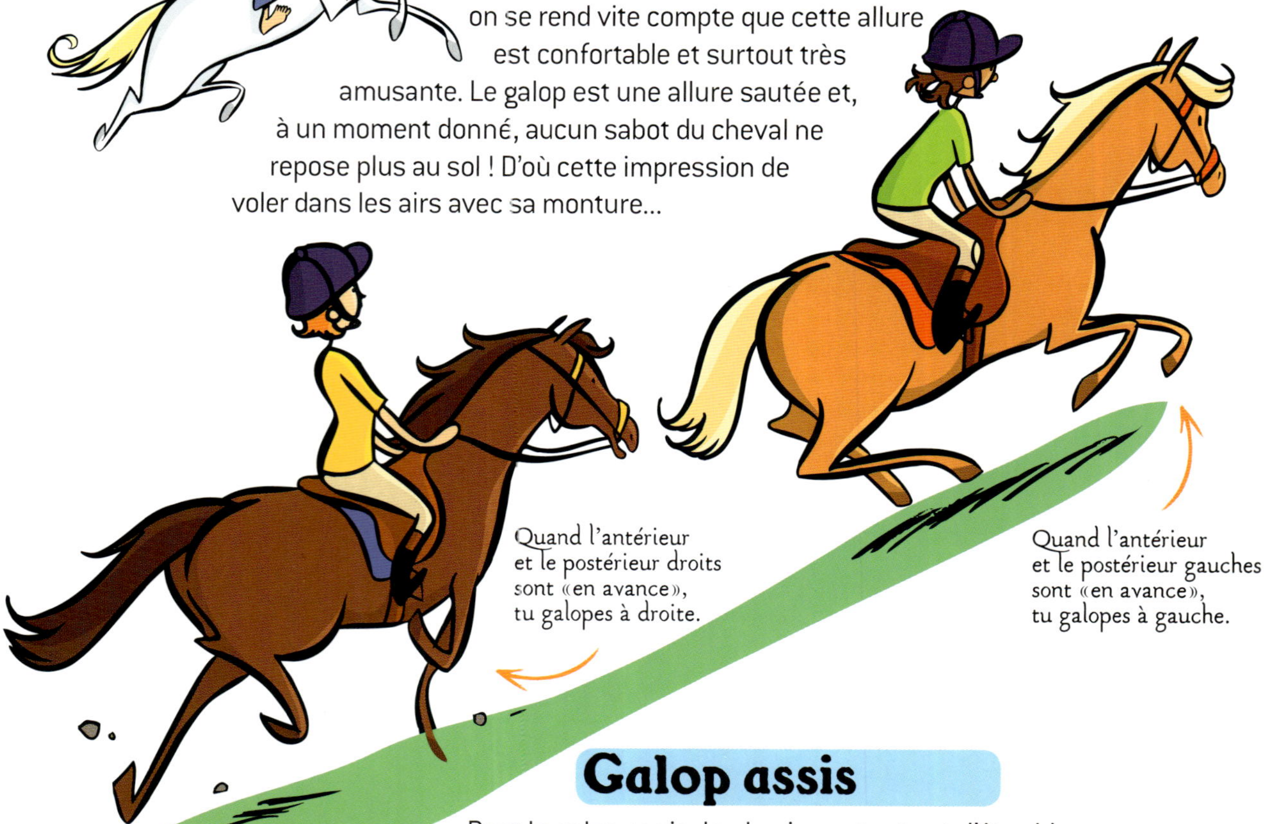

Galop assis

Pour le galop assis, le plus important est d'être bien décontractée pour accompagner le mouvement de ton cheval. Tiens-toi bien droite, la tête haute et avance un peu tes fesses dans la selle. Tes jambes doivent bien envelopper les flancs de ton cheval. Évite surtout de te pencher en avant. Pour revenir au trot, redresse ton buste et tes mains en fermant tes doigts sur les rênes.

Le galop est l'allure la plus rapide. Dans la nature, le cheval sauvage l'utilise surtout pour fuir le danger.

Galop en suspension

Pour le galop en suspension, décolle légèrement les fesses de la selle et penche-toi en avant, en équilibre sur tes étriers. Deux avantages : tu es moins secouée et tu soulages le dos de ton cheval. Pour passer du trot au galop, ferme les jambes et fais un mouvement vers l'avant avec tes fesses pour donner le signal de l'accélération à ton cheval. N'hésite pas à t'accrocher au pommeau de ta selle. Reste souple et accompagne avec les mains le mouvement de balancier de l'encolure.

Quelle main ?

À cheval, on te parle souvent de main.

• Un cheval **qui prend la main,** c'est un cheval qui décide tout seul de ce qu'il a à faire, bref, ce n'est plus toi qui commandes.

• Quand ta monitrice demande de **rendre la main,** cela veut dire qu'il faut que tu les avances pour soulager la tension des rênes.

• Tu marches à **main droite** quand tu as la main droite du côté intérieur du manège, à main gauche quand tu es du côté gauche.

• **Tu changes de main** quand tu traverses le manège pour reprendre la piste de l'autre main.

Gym anticourbature

Ouille ! Après une séance de galop, on a souvent des courbatures parce qu'on fait travailler les muscles des fesses et des cuisses qui sont d'habitude au repos. Pour les éviter, j'ai une petite gym astucieuse.

❶ Mets-toi sur la pointe des pieds, les jambes bien droites. Lève les bras tendus sur le côté, à l'horizontale.

❷ Baisse-toi en ramenant les bras devant toi.

❸ Remonte en écartant les bras à nouveau. Fais ce mouvement plusieurs fois, en soufflant quand tu descends et en inspirant quand tu remontes.

C'EST QUI, LE CHEF?

Chez les chevaux, on ne plaisante pas avec la hiérarchie ! Et tous s'inclinent devant le chef. Mais au fait, c'est qui, le chef ?

Pas de combat des chefs

L'étalon et la jument la plus âgée occupent toujours une position dominante. Ils se réservent la meilleure partie du pré, choisissent la meilleure place à l'ombre, marquent leur territoire en recouvrant de leur urine et crottins ceux de leurs inférieurs. Le respect des distances est essentiel. Tel cheval n'aura pas le droit de s'approcher à moins de 2 m, sinon, gare à lui ! Le plus souvent, une menace des oreilles ou de la croupe suffit pour le remettre à sa place. Les vrais combats sont rares, car ils peuvent être dangereux.

Dominant, ton cheval ?

En fait, cela dépend des individus qu'il rencontre. En général, sauf pour le premier et le dernier, chaque cheval du groupe a un « dominant » au-dessus de lui et un « dominé » en dessous... Donc, selon les cas, tu verras ton cheval se comporter en chef : il voudra passer devant, manger ou boire le premier. Mais il peut aussi céder à celui dont il reconnaît l'autorité, en le menaçant seulement de coups ou de morsures qui tombent, comme par hasard, toujours à côté...

Un cheval de bois célèbre !

Il y a très longtemps, on raconte que des soldats grecs, qui assiégeaient la ville de Troie depuis dix ans sans succès, eurent l'idée de construire un immense cheval en bois et de se cacher à l'intérieur. Curieux de voir ce drôle d'animal à la porte de leur ville, les habitants le firent entrer. Dans la nuit, les soldats sortirent de leur cachette et envahirent la ville…

C'est bien…

Comme tout bon chef, il faut savoir commander mais aussi récompenser. Ton cheval a bien obéi ? N'oublie pas de le lui dire. Avec une caresse, une friandise ou tout simplement en relâchant les rênes tout de suite après avoir obtenu ce que tu voulais. Un petit temps de rênes longues permet à ton cheval de se décontracter avant l'exercice suivant.

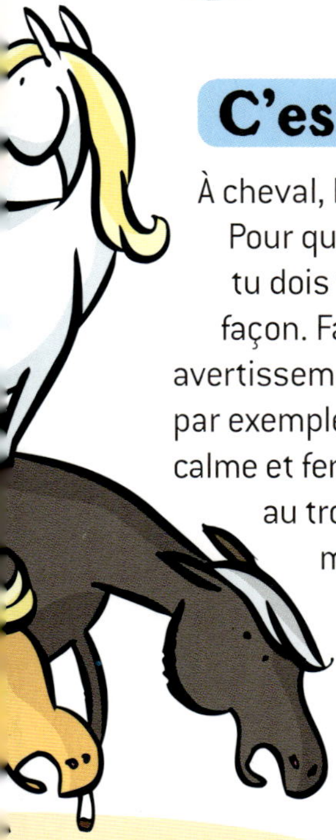

C'est un ordre !

À cheval, le chef, ça doit être toi… Pour que ton cheval comprenne bien tes ordres, tu dois toujours procéder de la même façon. Fais précéder l'ordre d'un avertissement : le nom de ton cheval, par exemple. Dis ton ordre d'une voix calme et ferme. Exemple : « Princesse, au trot ! » et non pas : « Alors ma petite Princesse, ça serait sympa que tu passes au trot ». Donne toujours le même ordre pour la même action demandée, sinon ton cheval ne te comprendra plus !

PARTIR EN RANDONNÉE...

Encore mieux que la balade en forêt, la randonnée est un vrai voyage avec ton cheval. Prête pour l'aventure ?

Astuce : Glisse ta carte dans un porte-cartes accroché autour de ton cou, tu l'auras toujours à portée de main !

L'indispensable

Même si tu réduis tout au minimum, ne fais pas l'impasse sur la sécurité. Tu dois impérativement emporter certains objets.

Ménage ta monture

Tout ce qui peut permettre de voyager léger sans fatiguer ton cheval est le bienvenu ! Aucune sacoche ou objet ne doit être en contact avec la peau de ton cheval. Gare aux blessures, redoutables quand on est loin de tout !

Inutile de porter certains ustensiles en double. Une copine prend le réchaud, l'autre la trousse de secours...

La selle des randonneurs

Pendant longtemps, les cavaliers ont utilisé une selle d'armes qui était conçue pour que le cheval puisse porter plus d'une centaine de kilos, c'est-à-dire un homme, ses bagages, son artillerie… C'est souvent la selle dont on se sert aujourd'hui en randonnée car elle a des attaches pour fixer les bagages, des sacoches au troussequin.

Arrêt boisson

Ton cheval a soif ? ça tombe bien, il y a juste un ruisseau qui lui tend les bras. Ne le laisse pas engloutir trop vite des quantités d'eau et vérifie qu'elle ne soit pas trop glacée. Attention, s'il commence à s'éclabousser, cela signifie qu'il a aussi envie d'un bon bain ! Si tu ne veux pas plonger dans l'eau, redresse-lui vite la tête !

Arrêt pipi

Ton cheval refuse d'avancer ? Peut-être a-t-il tout simplement envie de faire pipi. Dans ce cas, soulève-toi légèrement sur la selle pour soulager ses reins.

Le langage des bras

En randonnée, on communique avec les gestes car on ne s'entend pas parler quand on est éloignés. Voici les principaux signaux.

Au trot : Bras levé, poing fermé, puis bras baissé en alternance de haut en bas.

Attention : Bras levé, main ouverte.

Au galop : Mouvement tournant, le bras au-dessus de la tête.

Arrêt : Bras et main tendus sur le côté, fixes.

En avant : Bras tendu au-dessus de la tête, puis bras ramené droit devant soi.

Passer à l'allure inférieure : Bras levé.

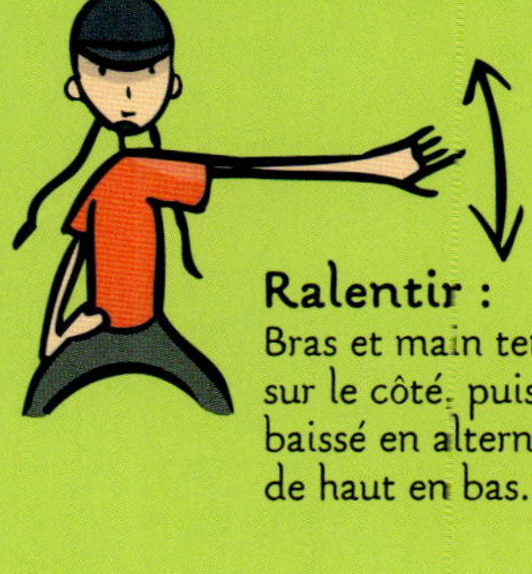

Ralentir : Bras et main tendus sur le côté, puis bras baissé en alternance de haut en bas.

UN ÉTÉ À CHEVAL

Tu l'as déjà testé en forêt : ton cheval préféré aime l'eau. Alors aujourd'hui, c'est décidé, balade sur la plage avec trempette dans les vagues.

Foulard d'Indienne

Avec une peau de chamois, tu peux fabriquer un vrai foulard d'Indienne, pour toi ou une de tes copines. À tes ciseaux !

Il te faut :
- 1 peau de chamois 36 cm x 27 cm (vendue en grande surface)
- 1 ruban avec broderie de 80 cm
- Des perles rocaille
- 1 grande feuille de papier
- Des épingles
- Du fil
- 1 aiguille

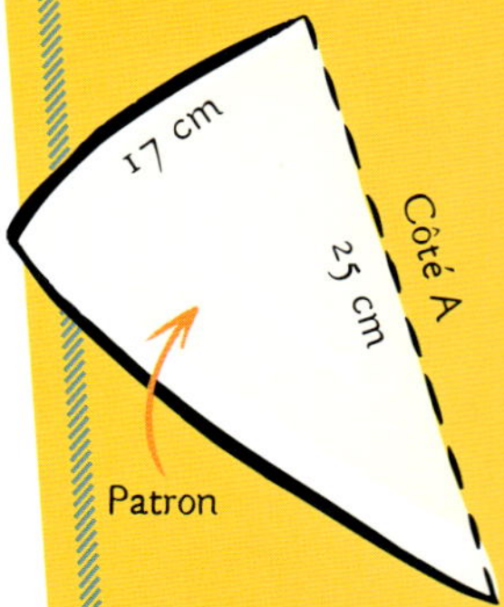

❶ Sur le papier, reproduis le dessin du patron aux dimensions indiquées.

❷ Plie la peau de chamois en 2.

❸ Fixe le patron avec des épingles au bord de la pliure (côté A sur le patron).

❹ Découpe la peau de chamois en suivant le contour du patron, sur 2 côtés.

❺ Place le ruban sur le bord du foulard, de façon à laisser la même longueur de ruban de chaque côté pour attacher le foulard avec un nœud.

❻ Enfile 10 perles sur un fil, puis fais un nœud à une extrémité et couds l'autre au bord du foulard.

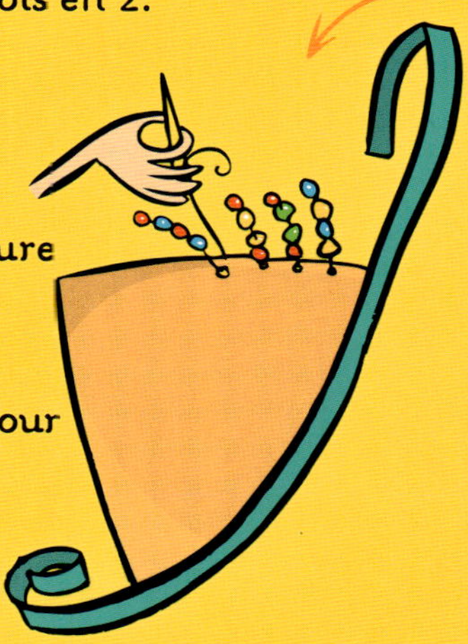

❼ Couds plusieurs franges de perles tout autour du foulard.

Attache le foulard avec les 2 bouts du ruban sous tes cheveux.

Peur de l'eau ?

Tous les chevaux n'aiment pas l'eau. Certains en ont même une peur bleue et refusent catégoriquement de se mouiller les paturons ! Campés sur leurs 4 fers, ils restent sourds aux coups comme aux suppliques. Inutile de t'énerver. Tu n'arriveras à rien par la force. Les cavaliers professionnels eux-mêmes le reconnaissent : mieux vaut contourner l'obstacle dans le calme, si c'est possible, ou placer un cheval ami devant ta monture qui suivra plus facilement son exemple.

Où est mon maillot ?

Avant d'emmener ton cheval à la plage, vérifie que l'accès est autorisé. Approche-toi tranquillement de la mer. Au début, ton ami va sûrement se figer, souffler bruyamment en direction de cette chose mouvante et inconnue, puis danser sur place en levant haut les pieds comme pour ne pas se mouiller. Pas d'affolement. Laisse-lui les rênes longues, le temps de faire connaissance avec les vagues. S'il fait demi-tour, ramène-le gentiment face au large.

AU DODO !

Rien à voir avec ton chat ! Ton cheval dort peu, et d'un sommeil léger. Pourquoi ? Pour pouvoir détaler au moindre danger…

Dormir debout

On dit que le cheval peut dormir debout. C'est vrai. Pour cela, il bloque les articulations de ses jambes. Il est ainsi capable de se reposer tout en restant prêt à bondir, qualité qu'il a héritée de ses ancêtres à la merci des prédateurs jour et nuit. Mais il se couche aussi, sur le ventre ou de tout son long sur le côté. La preuve ? Les poils maculés de crottin que tu dois étriller vigoureusement avant de le monter !

Un lit délicieux

Armée d'une fourche et d'un balai, te voilà décidée à faire le box de ton cheval, profitant qu'il est à l'attache dehors sous surveillance.

Chaque jour :

❶ Enlève les crottins, puis la litière souillée par l'urine.

❷ Remets de la paille propre, que tu éparpilles à la main en veillant à former un rebord sur les côtés, appelé le bateau.

Une à deux fois par semaine :

❶ Retire toute la litière pour curer la chambre de ton ami à fond.
❷ Gratte le fumier collé au sol avec une raclette.
Et chaque fois, balaie les détritus devant le box et dans les allées.

À tour de rôle

Toujours vigilants, les chevaux d'un troupeau ou d'une rangée de boxes se relaient pour dormir, environ cinq heures par vingt-quatre heures, réparties en courtes périodes. On n'est jamais trop prudent !

Déguise ton cheval

C'est bientôt Halloween et avec les copines, vous avez décidé de marquer l'événement au club !

Pour ta tenue, enfile un collant et un justaucorps noir, sous une jupette de tissu satiné orange découpé en pointes avec des ciseaux crantés, et retenu à la taille par un élastique.

❶ Natte crinière et queue avec du papier crépon noir et orange, en laissant les pointes libres et les chutes de papier flotter.

❷ Pique des brins de paille dans les crins pour lui donner un petit air canaille.

❸ Dessine des toiles d'araignées à la bombe argentée sur la croupe. Attention, le bruit du spray peut effrayer certains chevaux !

Couché sur le chewing-gum…

Il existe différentes sortes de litières, comme les copeaux de bois ou le papier haché. Mais la paille reste largement utilisée, car ton cheval en est friand : il la mâchonne toute la journée, complétant ainsi son alimentation de précieuses fibres et surtout, trompant son ennui. Regarde-le : on dirait vraiment qu'il mâche du chewing-gum !

Tu peux aussi dessiner des citrouilles au sourire machiavélique sur des fonds de Canson orange, avec un marqueur noir. Puis découpe-les et fixe-les à l'aide d'adhésif double face sur les côtés de ton tapis de selle.

LE GRAND SAUT

Lorsque tu es à l'aise avec les cavaletti, tu peux passer aux vrais obstacles… Comment les aborder ?

Repérage sur le terrain

Avant de sauter, va toujours faire un petit tour sur le terrain à pied pour observer les barres, leur emplacement, le terrain. Les bons sauts se préparent au sol !

En avant !

Le but est d'amener ton cheval le plus droit possible, au centre de l'obstacle. Pour cela, concentre-toi et suis ces conseils. Il refuse de sauter au dernier moment ? Peut-être t'es-tu suspendue aux rênes en lui donnant un ordre contradictoire. Ou tu as trop anticipé son mouvement de saut. Le plus difficile en saut est de régler la vitesse. Tu y arriveras en t'entraînant beaucoup.

Des noms rigolos

Voici les principaux obstacles que tu auras un jour à sauter : barres de spa, oxer, mur, haie barrée, croisillon…

Des bottes qui vieillissent bien

Les bottes en vieillissant s'avachissent et deviennent vilaines. Pour l'éviter, Zazie m' a donné un moyen simple et efficace. Je prends des bouteilles d'eau minérale d'un litre et demi, je les remplis de sable et quand je quitte mes bottes, je glisse les bouteilles à l'intérieur. Elles tiennent ainsi debout plus longtemps !

De la taille d'un renard...

Mon copain le cheval a un ancêtre qui vivait il y a 50 millions d'années ! Mais il ne lui ressemblait pas : il avait la taille d'un renard, avec des membres se terminant par plusieurs doigts. Petit à petit, ses descendants ont grandi et leurs pieds se sont recouverts d'un doigt unique, le sabot. Grâce à lui, les chevaux sont devenus de grands coureurs. Pourquoi ? Pour échapper aux grands fauves qui commençaient à peupler la Terre.

Les barres de spa
Elles sont inclinées, et se franchissent en montant.

Le mur
Il ressemble à... un mur.

Le croisillon
Il est composé de 2 barres qui se croisent.

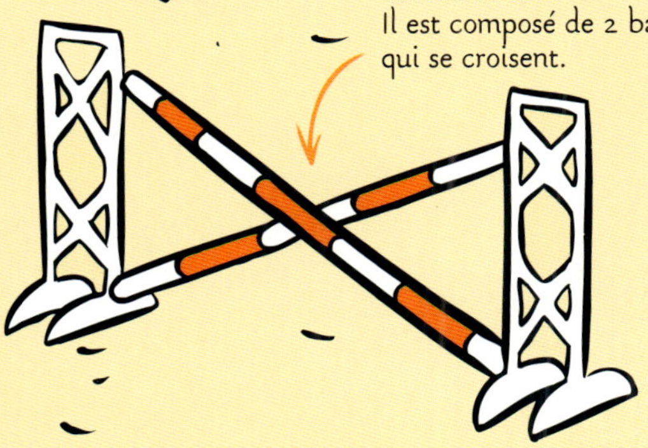

Attrape-le !

Chute de son cavalier, porte de box mal fermée, licol mal attaché, il arrive que ton compagnon se sauve. Surtout, ne cours pas derrière lui. Attends plutôt qu'il ait fini de se défouler, puis avec l'aide de tes copines, rabats-le vers un coin. Parle-lui gentiment et approche dans le calme, la main tendue. Dès que tu l'auras rattrapé, caresse-le pour le récompenser de s'être laissé prendre. Il s'en souviendra.

EN AMAZONE

La monte en amazone a été inventée pour permettre aux femmes de monter à cheval en gardant leurs robes. Elles se hissaient sur leur cheval et galopaient les deux jambes du côté gauche de la selle.

Une tradition qui dure

C'est la reine de France, Catherine de Médicis, qui, au XVIe siècle, généralisa cette façon de monter à cheval : elle fit ajouter une corne à la selle pour enrouler le genou droit et un étrier sur le côté gauche. Plus tard, un Anglais infirme inventa la selle d'amazone, dite à fourches, parce qu'il ne pouvait plus monter que d'un seul côté. Aujourd'hui, des femmes perpétuent cette tradition et on peut même passer des galops d'amazone ! Cette technique permet de perfectionner son assiette car on n'a qu'elle et la cravache pour donner une direction au cheval...

Gros ou maigre

On voit ses côtes, les pointes de ses hanches ressortent affreusement ? Ton cheval est trop maigre, il va se fatiguer au travail, souffrir et finir par regimber. Il faut augmenter sa ration. À l'inverse, il arbore un ventre rebondi, une encolure épaisse et un garrot « noyé » dans la graisse, comme beaucoup de poneys ? Un régime s'impose. Sinon, il s'essoufflera au travail et risque de graves problèmes de santé, comme la fourbure, des pieds douloureux au point de ne plus pouvoir marcher.

Dans la mythologie grecque, les Amazones formaient des tribus de femmes guerrières qui n'avaient peur de rien ni de personne.

Moule le sabot de ton cheval

Si ton cheval laisse une belle empreinte de sabot dans la boue, profites-en pour en faire un moulage que tu garderas en souvenir.

Il te faut :
- Du plâtre de moulage
- De l'eau
- 1 bande de carton épais
- 1 trombone
- 1 boîte vide

❶ Pour former le moule, entoure l'empreinte avec une bande de carton que tu fermes avec le trombone. Tu peux le maintenir avec des bâtonnets plantés dans le sol.

❷ Dans la boîte vide, mélange le plâtre avec de l'eau afin d'obtenir une pâte lisse.

❸ Verse ce mélange dans le moule.

❹ Laisse sécher 1 heure.

❺ Récupère ton moulage. N'hésite pas à emporter de la terre avec pour ne pas l'abîmer. Laisse-le sécher encore 24 heures.

❻ Retire délicatement la bande de carton et nettoie ton empreinte.

❼ Peins ton moulage ou vernis-le ou laisse-le tel quel.

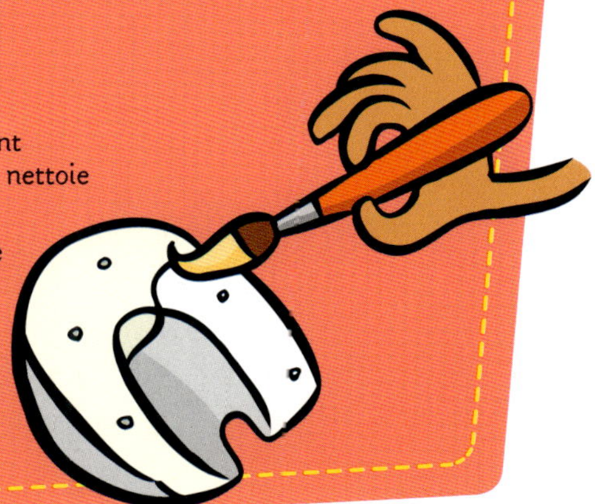

Dans le mythe grec, les Amazones tuaient leurs fils pour rester entre femmes, et se faisaient couper un sein pour pouvoir tirer à l'arc !

VIE DE FAMILLE

Les chevaux ont l'esprit de famille.
Les papas comme les mamans s'occupent beaucoup de leurs enfants.

Papa poule

L'étalon est un modèle pour ses poulains. Il joue avec eux et fait toujours preuve de beaucoup d'indulgence et de gentillesse. Il fait semblant de les affronter sans leur faire de mal. Il leur apprend le respect et les codes du groupe. Il les surveille, ramenant vers le groupe les imprudents qui s'aventurent à l'écart. Enfin, il protège sa famille contre les dangers extérieurs.

L'étalon vit en général avec 2 ou 3 juments et leurs poulains.

QUIZ

Qu'est-ce qu'une jument suitée ?

A/ Une jument qui allaite.
B/ Une jument noire et blanche.
C/ Une jument que les autres imitent.

Réponse : A.

Un poulain au club

Chouette ! Ce matin de printemps, un poulain est né dans la nuit, après onze mois passés dans le ventre de sa mère. Tout le monde veut le voir. Tant mieux, il va s'habituer très vite à ce drôle d'animal debout sur ses postérieurs que nous sommes. Mais il ne faut pas le brusquer. Tu le laisseras venir à toi peu à peu. La jument allaite son petit de 6 à 9 mois. Puis c'est le sevrage : le poulain, séparé de sa mère, passe à une alimentation solide. Profites-en pour beaucoup t'occuper de lui : il est fragilisé et en demande d'affection. Ainsi, il acceptera plus facilement son premier cavalier, vers 2 ans.

Maman gâteau

Au sein de cette famille, les juments se partagent l'organisation de la vie quotidienne : il y a celles qui cherchent les points d'eau ou les meilleurs herbages, celles qui veillent aux jeux des poulains. La jument est très attachée à ses petits. Les pouliches restent près de leur mère, tandis que les jeunes mâles doivent quitter le troupeau à la puberté, entre 18 mois et 2 ans. Ils forment alors des groupes de célibataires, avant de fonder à leur tour une famille.

Une demi-heure après sa naissance, le poulain est déjà debout et une heure après, il tète...

Premier licol

Le plus tôt sera le mieux : dès le lendemain de sa naissance, tu vas pouvoir passer gentiment le licol au poulain, à proximité de sa mère. S'il s'inquiète, n'insiste pas, recommence un peu plus tard dans la journée. Renouvelle l'opération à plusieurs reprises. Même chose pour les pieds : prends-lui doucement chaque membre (commence par les antérieurs, c'est plus facile) chaque jour, il s'y habituera vite.

Félicite le poulain en le caressant sur tout le corps dès qu'il se laisse faire.

Au bout de quelques jours, le poulain pourra garder le licol trois ou quatre heures d'affilée.

UN CHEVAL À TOI ?

On en rêve toutes ! Mais attention, mieux vaut savoir avant de prendre ta décision ce qui t'engage. Un cheval n'est pas un jouet : il demande beaucoup de soins et d'attention. Son bonheur sera entre tes mains.

Avantages

Posséder ton propre cheval, tu y penses depuis que tu as commencé à monter ou presque… Tu t'imagines lui rendre visite chaque jour, le soigner avec amour. Et puis, tu seras la seule à le monter et il t'attendra si tu viens toujours à la même heure. Bref, toi et lui vous allez vite devenir les meilleurs amis du monde.

Inconvénients

Un cheval, ça coûte cher ! Et pas seulement lors de l'achat mais aussi pour les dépenses d'entretien :

- la pension : alimentation et location du box ; l'acquisition de matériel ;
- la visite annuelle du vétérinaire ;
- la visite mensuelle du maréchal-ferrant.

Une solution : la demi-pension, 2 fois moins chère, où le club garde la possibilité de faire monter ton cheval par d'autres cavaliers. Tu peux aussi le partager avec une copine. À 2, vous pourrez vous relayer auprès de votre cheval, car il va vous prendre beaucoup de temps.

Oui, mais…

Quand on se connaît trop bien, on a vite fait de s'habituer aux défauts l'un de l'autre et on s'installe dans ses petites habitudes : résultat, on progresse moins vite ! C'est pour ça qu'il faut prévoir de changer de monture de temps en temps.

S'il doit passer l'année au pré, il te faut un cheval costaud.

Quel copain ?

Tu as pesé le pour et le contre, tes parents sont d'accord, tu es vraiment décidée ? Maintenant, il te reste à choisir ton ami. Ne fais pas ton choix uniquement sur sa bonne mine et demande l'avis d'un spécialiste (vétérinaire, moniteur) sinon tu risquerais d'être déçue. Choisis un cheval adapté aux conditions de vie que tu lui réserves.

Si tu veux surtout faire de la randonnée, tu ne choisiras pas le même cheval que si tu te destines à la compétition.

Un copain malin !

On aimerait bien avoir un cheval aussi drôle et malin que Jolly Jumper, celui de Lucky Luke ! Il nous aiderait à faire face à nos ennemies, il nous consolerait quand on n'a pas le moral… Il nous aiderait peut-être même à faire nos devoirs de maths ? Il joue bien aux échecs avec son maître…

TEST

Connais-tu bien les habitudes du cheval ? Pour le savoir, coche les bonnes réponses !

1/ Le cheval dort en moyenne cinq heures par jour.
A/ Vrai.
B/ Faux.

2/ Le cheval aime la solitude.
A/ Vrai.
B/ Faux.

3/ Tous les chevaux sont égaux.
A/ Vrai.
B/ Faux.

4/ Le cheval est peureux.
A/ Vrai.
B/ Faux.

5/ Le père s'occupe de ses poulains.
A/ Vrai.
B/ Faux.

Si tu as moins de 3 bonnes réponses, relis attentivement le livre, tu connaîtras mieux les petites habitudes de vie de ton cheval !

Réponses : 1 : A. 2 : B. 3 : B. 4 : A. 5 : A.

VIVE LES VACANCES !

Comme nous, les chevaux ont besoin de partir un peu en vacances. Le cheval de Cléo nous livre ses impressions.

Apporte régulièrement de l'eau propre et fraîche et prévois un abri contre la pluie et le soleil.

Pour le pré, un hectare (10 000 m^2) me suffira.

N'oublie pas ma ration de foin sec, les premiers temps. Sinon, avec l'herbe fraîche, je vais me coller une belle colique.

Pense à me déferrer afin d'éviter les mauvais coups entre copains.

Emporte ma crème solaire pour mon bout du nez dépourvu de poils. Je peux attraper un coup de soleil et ce serait dommage de gâcher ce bel été.

En direct de la campagne

Et pour les vacances, tu as pensé à moi ? J'aimerais bien aller me dégourdir les gambettes à la campagne, histoire d'oublier les allers et retours entre mon box et le manège. Besoin de changer d'air, quoi. Un mois au pré, l'été, ce n'est pas trop demander pour un cheval aussi méritant que moi ! Suis mes petits conseils...

Lâchez tout !

Le grand moment est arrivé : je vais enfin me mettre au vert. Nous voilà donc partis toi et moi en direction du pré, suivis des copains et de leurs cavalières. Je ne porte que mon licol, tu me tiens par la longe. Bien sûr, tu as vérifié au préalable l'état de la clôture, car tu ne voudrais pas que je me blesse ou que je prenne la poudre d'escampette. Tu ouvres la barrière… Le nez au vent, j'éprouve soudain une furieuse envie de m'élancer. Mais tu ramènes fermement ma tête de ton côté, en te plaçant entre la sortie et moi, et tu attends l'arrivée des autres. Dès que la barrière est refermée, tu peux dénouer mon licol. Écarte-toi : je fonce !

Passe un été formidable. Stop.
Vais revenir remis à neuf. Stop.
Avec un moral d'acier. Stop.
Et toi ?

Signé :
Plume Rapide.

Vive les voyages

Pour l'emmener en vacances, il va falloir embarquer ton compagnon dans un camion. Mais d'abord, tu dois veiller à le protéger contre les chocs. Il existe des protections spéciales destinées au transport : protège-queue et protège-nuque, hautes guêtres rembourrées, genouillères et cloches pour les membres. Une couverture sera aussi la bienvenue. Et n'oublie pas la carotte ou le seau de granulés pour persuader ton cheval de monter dans le camion !

UN REPOS BIEN MÉRITÉ !

Quand le cheval vieillit, ses articulations commencent à le faire souffrir, son dos se creuse, il faut songer à lui trouver un petit coin tranquille pour ses vieux jours…

Vieillesse heureuse

Un cheval vit en général jusqu'à 25 ans, parfois 30. Exceptionnellement, quelques résistants atteignent 40 ans. Mais après toutes ces heures à tourner dans un manège, tous ces jeunes cavaliers qu'il a portés sur son dos, le vieux cheval mérite bien de se reposer après vingt ans de bons et loyaux services. Si tu n'as pas les moyens d'offrir une vieillesse heureuse au tien, confie-le à une association spécialisée. Il existe de nombreux refuges en France.

Insecticide perso

Le vieux cheval est impatient ! Pas la peine de l'énerver avec les mouches. Pour les éloigner de lui, j'ai trouvé une petite astuce : je dilue du vinaigre dans un peu d'eau et je lui passe ce mélange sur les poils. L'odeur du vinaigre éloigne les mouches et les taons, et mon cheval peut rester tranquillement dans son pré sans être dérangé…

Le cheval ailé

Selon la légende grecque, Pégase était le cheval ailé de Zeus, le dieu des dieux. Il galopait plus vite que le vent ! Il était capable de faire surgir d'un coup de sabot une fontaine où les poètes venaient trouver leurs idées. Un jour, il se fit piquer par un insecte géant et disparut très haut dans le ciel grâce à ses deux belles ailes blanches…

Avec mes copains

Si tu disposes d'un pré pour installer ton copain près de toi, ne le laisse pas tout seul, il dépérirait vite. Il a toujours besoin de ses copains et ne supporterait pas de ne plus voir personne du jour au lendemain. Tu sais comme il a l'âme sensible… Tu peux trouver une autre propriétaire pour partager le pré ou héberger gratuitement un vieux cheval de club « orphelin ». Sinon un mouton peut faire un bon compagnon de pré… Même s'il a un copain, n'oublie pas de passer le voir, une petite visite fait toujours plaisir !

Sale caractère

En vieillissant, les chevaux ont moins bon caractère. Ils sont aussi moins joueurs. Quand un cheval n'a plus envie d'obéir, fait la tête quand on vient le chercher au box pour se promener, semble toujours fatigué, le temps de prendre sa retraite est venu. Avec l'âge, certains deviennent même un peu hargneux… Autant le savoir et être vigilante.

LES MÉTIERS DU CHEVAL

Tu adores les chevaux et plus tard tu aimerais faire un métier qui te permette de t'en occuper ? Plusieurs pistes sont possibles.

Le vétérinaire
le médecin des chevaux

Le vétérinaire aide les juments à accoucher quand ça se passe mal, soigne les plaies des chevaux, guérit leurs maladies.

Études

Les études sont longues et difficiles : six ans après le bac. Ensuite, il faut faire un stage chez un des rares vétérinaires spécialisés dans les chevaux.

Le moniteur
patience et amour des chevaux

Il apprend au débutant à tenir sur son cheval, aux plus confirmés à préparer leurs galops et les compétitions. Autant dire qu'il faut qu'il ait de la patience, qu'il sache bien expliquer et transmettre son amour et sa connaissance des chevaux.

Études

Il faut avoir 18 ans, le galop 7, un brevet de secourisme et passer le brevet d'État Jeunesse et Sports. Chaque niveau a ses exigences de difficulté.

Il peut être moniteur, instructeur et professeur.

QUIZ

Dans la mythologie, qu'est-ce qu'un centaure ?

A/ Un cheval avec une tête de cheval et un corps d'homme.
B/ Un cheval avec un buste d'homme sur un corps de cheval.
C/ Un cheval avec une tête de lion et un corps de cheval.

Réponse : B. On raconte que les centaures étaient sauvages et dangereux, sauf le centaure Chiron qui enseignait la musique.

Aujourd'hui, dans les nouveaux spectacles de cirque comme Zingaro ou Gruss, on laisse les chevaux évoluer sans harnachement. Ce sont des acteurs fantastiques !

Le maréchal-ferrant
le chausseur des chevaux

« Pas de pied, pas de cheval »… C’est dire si ce métier est important. Autrefois, on menait son cheval chez le maréchal-ferrant, aujourd’hui, c’est lui qui se déplace pour remplacer les fers.

Études

Des écoles forment à ce métier pour lequel il faut un CAPA oun BEPA.

Études

Un travail qui nécessite un certificat d’aptitude professionnelle agricole ou un apprentissage dans un centre. Il y a aussi des « palefrenières ».

Le palefrenier
aux petits soins

C’est lui qui chaque jour nourrit, soigne, nettoie les chevaux, les monte pour leur faire faire un tour par jour. Bref, il les surveille presque vingt-quatre heures sur vingt-quatre !

Les chevaux font leur cirque !

Bien avant les clowns et les fauves, les numéros de cirque étaient essentiellement faits par les chevaux. C’est pour cette raison que la piste mesure toujours 13,50 m car à cette dimension, le cheval peut prendre les tournants au galop avec un homme sur le dos ! C’est fou ce que l’on arrive à faire faire à un cheval : galoper sur place, galoper sur 3 jambes, galoper en arrière ! Il est même capable de soulever le chapeau d’un clown et lui faire un bisou ou encore de porter un lion sur son dos…

PASSE TES GALOPS !

Les galops sont des examens qui te permettent de mesurer ton niveau d'équitation. C'est aussi un bon moyen d'approfondir ta connaissance des chevaux.

On se calme !

Tu vas passer ton premier galop ou ton quatrième, mais à chaque fois c'est pareil : tu es abominablement inquiète, tu te dis que tu ne l'auras jamais, que tu vas tomber... Fais comme moi. Avant chaque examen, je me prépare dans ma tête et dans mon corps. Et la meilleure façon de faire tomber le stress, c'est de se relaxer !

❶ Allonge-toi sur le dos dans un endroit calme et écoute-toi respirer.

❷ Au bout de quelques minutes, efforce-toi de respirer lentement : tu inspires par le nez pour faire le plein d'air dans tes poumons, puis tu expires, toujours lentement, pour faire le vide.

❹ Projette-toi gagnante ! Pense à la fête que tu vas organiser pour fêter ta victoire avec les copines du club. Allez, c'est comme si c'était déjà gagné !

❸ Pendant ce temps de respiration lente, visualise les épreuves de l'examen dans ta tête : refais le parcours, rappelle-toi les conseils de ton moniteur.

Neuf galops

Il existe 9 galops. Le premier est facile à obtenir mais il te demande tout de même de connaître le nom des robes, de pouvoir te déplacer au pas et au trot et de savoir panser, débrider et desseller. Le galop 9 est le galop des professionnels qui passent des compétitions. Entre les deux, tu évalues ta progression. À chaque galop, tu passeras 3 épreuves : une épreuve de soin pour les chevaux et le matériel, une épreuve de pratique à cheval, une épreuve plus théorique de connaissance du cheval.

Pompons à gogo !

Il te faut :
- 1 pelote de laine
- Du carton
- 1 pièce de monnaie
- Des ciseaux

Des pompons sur le front de ton cheval, c'est rigolo ! Fabrique 5 ou 6 pompons avec des brins de laine de couleurs assorties. Choisis une couleur qui se marie bien avec celle de ton tapis de selle ou de ta tenue.

❶ Découpe 2 ronds de carton au diamètre d'un verre. Pose au centre une pièce de monnaie et évide tout autour.

❷ Superpose tes 2 cercles. Entoure-les de laine en passant toujours par le milieu.

❸ Noue les 2 extrémités quand tu as terminé d'entourer tes 2 cercles.

❹ Passe les ciseaux entre les 2 cercles et découpe la laine.

❺ Glisse un morceau de laine entre les 2 cartons pour lier les brins de laine coupés. Fais un nœud. Laisse un bout plus long pour suspendre ton pompon.

❻ Suspends les pompons au frontal du filet, juste au-dessus des yeux.

LE DICO DU CHEVAL

Bouchon, assiette, fourchette… On utilise en équitation des mots qui n'ont pas le sens que nous leur donnons d'habitude. Voici un petit dictionnaire pour parler cheval couramment !

A

Allures
Le pas, le trot, le galop sont les allures naturelles du cheval. C'est sa façon de se déplacer.

Antérieurs
Les jambes avant du cheval.

Assiette
Ta façon de te tenir sur ton cheval. On dit que tu as une bonne ou une mauvaise assiette selon ta tenue et ton équilibre.

B

Barres
L'espace sans dents du cheval entre les incisives et les molaires. C'est aussi la place du mors.

Battue
Le bruit que fait le sabot en se posant sur le sol.

Botter
Se dit d'un cheval qui lance en arrière ses 2 postérieurs.

Bouchon
La brosse rigide qui sert à nettoyer le cheval et à le débarrasser de la boue sur ses poils.

C

Cabrer
Se dit d'un cheval qui se dresse sur ses 2 antérieurs.

Carrière
C'est un espace situé à l'extérieur, fermé avec des barres, et réservé aux reprises.

Chambrière
Un fouet à long manche que l'on utilise quand on fait travailler un cheval à la longe.

Cloches
Des protections en caoutchouc que l'on glisse autour du sabot.

D

Débourrage
C'est le premier dressage du jeune cheval, période où on l'habitue à travailler avec un harnachement, ensuite avec un cavalier.

Dégarrotter
Décoller le tapis de la selle au niveau du garrot pour ne pas le comprimer.

E

Éperon
Pièce de métal terminée par une pointe et fixée sur le talon du cavalier pour faire obéir le cheval.

Étalon
Un cheval mâle que l'on réserve à la reproduction et qui n'a pas été castré.

F

Filet
Ensemble de brides, composé d'un mors et de rênes, que l'on fixe sur la tête du cheval pour pouvoir le diriger.

Fourchette
La partie sensible en forme de triangle située sous le pied du cheval.

H

Haras
Endroit où on élève des étalons et des juments.

Harde
Un troupeau de chevaux sauvages.

L

Licol
Ensemble de brides que l'on passe sur la tête du cheval pour y attacher une longe.

Longe
La corde reliée au licol qui sert à attacher le cheval ou à le conduire.

M

Muserolle
La partie du filet qui renforce l'action du mors.

P

Pansage
La toilette du cheval.

Pare-botte
La partie en bois qui entoure la piste du manège. Elle est souvent inclinée.

Pommeau
La partie en forme d'arcade sur le devant de la selle. Tu peux t'y tenir avec la main.

Postérieurs
Les jambes arrière du cheval.

R

Robe
La couleur des poils et des crins du cheval.

Reprise
La séance de travail en manège avec un moniteur. On dit « former la reprise » quand on marche les uns derrière les autres.

S

Salière
Creux situé au-dessus de chaque œil du cheval.

T

Toupet
Petite touffe de crin que le cheval a sur le sommet de la tête, comme une frange.

Troussequin
La partie relevée à l'arrière de la selle.

Index

ⓐ = Activité
ⓣ = Test

Dans la même collection

Le manuel des filles
250 ACTIVITÉS AVEC MES COPINES
Nathan

Illustrations complémentaires :
Sylviane Gangloff : p. 14-15 (b), p. 54 (h, m, b),
p. 55, p. 60 (b), p. 70 (b), p. 74 (m et b), p. 80 (h),
p. 92 (b), p. 93 (md, mg, b), p. 94-95 (h).